首都圏版㉓　**最新入試に対応！家庭学習に最適の問題集!!**

洗足学園小学校

2022年度版 過去問題集

<問題集の効果的な使い方>

①お子さまの学習を始める前に、まずは保護者の方が「入試問題」の傾向や、どの程度難しいか把握します。もちろん、すべての「学習のポイント」にも目を通してください

②各分野の学習を先に行い、基礎学力を養いましょう！

③「力が付いてきたら」と思ったら「過去問題」にチャレンジ！

④お子さまの得意・苦手がわかったら、その分野の学習を進め、全体的なレベルアップを図りましょう！

合格のための問題集

洗足学園小学校

お話の記憶	お話の記憶 中級編
図形	Jr・ウォッチャー53「四方からの観察 積み木編」
言語	Jr・ウォッチャー60「言葉の音（おん）」
常識	Jr・ウォッチャー27「理科」、55「理科②」
推理	Jr・ウォッチャー32「ブラックボックス」

2019～2021年度過去問題を掲載＋各問題にアドバイス付!!

日本学習図書（ニチガク）

目指せ！合格！

家庭学習ガイド
洗足学園小学校

ペーパー　巧緻性　運動　親子面接

入試情報

応募者数：男子 319 名／女子 360 名
出題形式：ペーパー、ノンペーパー
面　　接：保護者・志願者面接
出題領域：ペーパー（記憶、図形、言語、推理、常識）、運動

入試対策

2018 年度より行われるようになった男女別日程の入学試験は、2021 年度も継続されました。男女によって問題内容が異なります。また、ペーパーテストの出題分野では、昨年出題されなかったお話の記憶が出題されました。また、アルキメデスの原理についての問題が出題されるなど、例年とは異なる傾向の問題も出題されています。過去問だけでなく、幅広い分野の対策を行い、対応できるようにしてください。

- ●筆記用具はHBの鉛筆が使用されました。ふだんの学習において筆圧にも注意してください。
- ● 2017 年度は出題されなかったお話の記憶ですが、2018 年度の入試では地図を使ったお話の記憶、2019 年度はいわゆる一般的なお話の記憶が出題となりました。そしてまた 2020 年度では出題されず、2021 年度では短めのお話の記憶の出題がありました。ほぼ毎年といっていいほど傾向が変化しているので、動向が注目されます。
- ●面接では、お子さま自身のことから、子育て、保護者の方の教育観、中学受験、または説明会参加の有無や感想、学校での勉強まで幅広く聞かれ、さらに答えた質問に対して掘り下げる質問がなされます。事前に願書と共に提出する親子面接資料に基づいて行われますので、準備をしっかりとしておいてください。

「洗足学園小学校」について

〈合格のためのアドバイス〉

当校は、中学入試に力を入れている小学校です。多くの児童が難関国私立中学に進学している実績が注目を集め、2021年度は志願者数を約14％伸ばしています。当校では、６年生の１学期には小学校の履修内容をすべて修了し、２学期からは中学入試の対策を行う、というカリキュラムを策定しています。小学校受験においても、高度な授業内容に順応し、学力を伸ばす素地をもっているかどうかを観るものとなっています。

学力を伸ばす素地として、当校では、知的好奇心、思考力、そして家庭教育の３点を重視しているようです。身の周りにあるものの変化に気が付き、さまざまなものに興味を持って観察し、考えられるかどうかという、学習意欲や探究心を問う問題が出題されています。お子さまに指導する際には、保護者の方がそれらの点に気を配ってください。

試験全体では、ペーパーテストに重点が置かれているように感じられます。国語・算数・理科・社会の主要４教科の授業時数が標準より多く設けられており、密度の高い授業を行うため、授業に対する集中力や持続力もさることながら、向学心を持つことも大切となります。また、近年では思考力を判断するため、ペーパーテストの分野や形式のうち２割〜３割を毎年入れ替えています。学習の際には、この点に留意してください。

運動テストでは、お子さまの運動能力というよりも、取り組む姿勢が観られています。待機中に座り込んだり、おしゃべりをしたりすることなく、お友だちを応援することができているかが重視されています。きちんと指示に従って行動することも重要です。ルールを守り、協調性を持って積極的に取り組むことができるようにしておきましょう。また、移動時やトイレ時、休憩中も試験中であるという意識を持ち、２時間の試験に集中して臨めるようにしてください。このような場でも、学校側による観察はしっかり行われています。

当校は入学時から「全員が中学受験をする学校である」ことを明確にしており、面接時にも中学受験についての質問が必ずあります。中学受験のことまでしっかりと考えた上で受験してください。

志願者本人への面接時には、１つの話題について掘り下げる質問がなされます。これにより、志願者が、どのような環境でどのような生活習慣を身に付けてきたかが表れます。お子さまの学習面や生活面だけでなく、お子さまを含むご家庭全体が評価されていると考えてください。

〈2021年度選考〉

- ◆保護者・志願者面接
  （考査日前に実施／約15分）
- ◆保護者面接資料（願書と共に提出）
- ◆ペーパーテスト
- ◆行動観察
- ◆運動テスト（集団）

◇過去の応募状況

2021年度	男子319名	女子360名
2020年度	男子290名	女子303名
2019年度	男子250名	女子280名

入試のチェックポイント

◇受験番号は……「生年月日順」
◇生まれ月の考慮……「あり」

㊢ 先輩ママたちの声！

◆実際に受験をされた方からのアドバイスです。
ぜひ参考にしてください。

洗足学園小学校

・過去問に出ていた分野と違う、新しい分野の出題がありました。過去の出題傾向にとらわれず、幅広く学習する必要があると思います。

・説明会で、２割程度新しい問題を出す、と言われた通り、過去問にはない問題が出されました。

・今年の入試は、月齢で区切って実施されました。

・試験が終わった後、待ち時間がありました。その時も学校にいるということを忘れず、本や折り紙などを持っていくなどして、静かに待てるようにしておいた方がよいと思います。

・受験者が多いので、試験直前にトイレが混雑していて、試験開始時まで席に戻れないお子さまが何人かいました。早めに余裕を持って試験会場に行くとよいと思います。

・面接では、願書に書いたアンケートを熟読した上での質問がなされます。説明会でも話がありましたがその通りでした。書いた内容をコピーしておく必要があります。

・ペーパーは、過去問や問題集などが一通りできるようになったら、時間を計って制限時間内に解く練習をした方がよいと思います。

・中学校受験についての考えを、面接で聞かれました。

・面接では、父親・母親のそれぞれが、学校説明会・入試説明会・運動会の、どれに参加したかについて質問されました。学校説明会では、実際に通っていらっしゃる児童さんのお話や、プリント・ノートなどを見せていただく機会もあったので、とても参考になりました。

洗足学園小学校
過去問題集

現在、少子化が叫ばれているにもかかわらず、私立・国立小学校の入学試験には一定の応募者があります。入試は、ただやみくもに学習するだけでは成果を得ることはできません。志望校の過去における出題傾向を研究・把握した上で、練習を進めていくこと、その上で試験までに志願者の不得意分野を克服していくことが必須条件です。そこで、本問題集は小学校を受験される方々に、志望校の出題傾向をより詳しく知って頂くために、過去に遡り出題頻度の高い問題を結集いたしました。最新のデータを含む精選された過去問題集で実力をお付けください。

また、志望校の選択には弊社発行の「**2022年度版　首都圏・東日本　国立・私立小学校　進学のてびき**」をぜひ参考になさってください。

〈本書ご使用方法〉

◆出題者は出題前に一度問題を通読し、出題内容などを把握した上で、〈 準　備 〉の欄に表記してあるものを用意してから始めてください。

◆お子さまに絵の頁を渡し、出題者が問題文を読む形式で出題してください。問題を読んだ後で、絵の頁を渡す問題もありますのでご注意ください。

◆「**分野**」は、問題の分野を表しています。弊社の問題集の分野に対応していますので、復習の際の目安にお役立てください。

◆一部の描画や工作、常識等の問題については、解答が省略されているものがあります。お子さまの答えが成り立つか、出題者が各自でご判断ください。

◆〈 時　間 〉につきましては、目安とお考えください。

◆［○年度］は、問題の出題年度です。［2021年度］は、「2020年の秋から冬にかけて行われた2021年度志願者向けの考査の問題」という意味です。

◆**学習のポイント**は、指導の際にご参考にしてください。

◆【**おすすめ問題集**】は各問題の基礎力養成や実力アップにご使用ください。

〈本書ご使用にあたっての注意点〉

◆文中に**この問題の絵は縦に使用してください。**と記載してある問題の絵は縦にしてお使いください。

◆〈 準　備 〉の欄で、クレヨンと表記してある場合は12色程度のものを、画用紙と表記してある場合は白い画用紙をご用意ください。

◆文中に**この問題の絵はありません。**と記載してある問題には絵の頁がありませんので、ご注意ください。なお、問題の絵の右上にある番号が連番でなくても、中央下の頁番号が連番の場合は落丁ではありません。

下記一覧表の●が付いている問題は絵がありません。

問題１	問題２	問題３	問題４	問題５	問題６	問題７	問題８	問題９	問題10
問題11	問題12	問題13	問題14	問題15	問題16	問題17	問題18	問題19	問題20
問題21	問題22	問題23	問題24	問題25	問題26	問題27	問題28	問題29	問題30
						●			
問題31	問題32	問題33	問題34	問題35	問題36	問題37	問題38	問題39	問題40
									●

※問題を始める前に、本文１頁の「本書ご使用方法」「本書ご使用にあたっての注意点」をご覧ください。
※本校の考査は、鉛筆を使用します。訂正の際は×をつけ、正しい解答に○をつけてください。

保護者の方は、別紙の「家庭学習ガイド」「受験にあたって」を先にお読みください。
当校の対策および学習を進めていく上で、役立つ内容です。ぜひ、ご覧ください。

2021年度の最新問題

問題１　分野：言語（言葉の音遊び）

〈準備〉　鉛筆

〈問題〉　たくさんの絵があります。１番左の「木」の絵を見てください。「木」から始まって、１つずつ音の数が増えていくように、１番右の「アスパラガス」まで絵と絵を線で結びましょう。声を出さずにやりましょう。

〈時間〉　１分

問題２　分野：図形（展開）

〈準備〉　鉛筆

〈問題〉　絵の描いてある箱があります。この箱を広げると、右の３つの中のどれになりますか。合っているものに○をつけてください。絵の向きにも注意して考えましょう。問題は３つあります。３つともやりましょう。

〈時間〉　各30秒

問題３　分野：推理（ひもの結び目）

〈準備〉　鉛筆

〈問題〉　２人で縄を持って、引っ張ります。結び目ができるもの全部に○をつけてください。

〈時間〉　30秒

問題4　分野：推理（系列）

〈準備〉　鉛筆

〈問題〉　白丸と黒丸が、あるきまりで数を変えながら動いています。空いているお部屋に合う絵はどれですか。下の二重四角の中から選んで、○をつけてください。問題は３つあります。３つともやりましょう。

〈時間〉　50秒

問題5　分野：お話の記憶

〈準備〉　鉛筆

〈問題〉　かずとくんとひろこさんは、かずとくんの家で遊んでいます。かずとくんは、２階の窓から見える景色を絵に描きました。かずとくんのお家は海の近くにあるので、窓から海がよく見えます。遠くに島と、そのそばにヨットが見えました。空はよく晴れていて、３羽の鳥が飛んでいます。「わあ、かずとくん、上手ね」とひろこさんが褒めてくれました。
その後、かずとくんとひろこさんは絵本を読むことにしました。かずとくんは「赤ずきん」、ひろこさんは「さるかに合戦」です。でも、絵本を読んでいるうちに、かずとくんは眠ってしまいました。夢の中で、かずとくんは、おにぎりをいっぱい食べて、サッカーをして、それからジャングルジムで遊びました。ジャングルジムから降りてケーキを食べようとしたところで、ひろこさんに起こされました。「かずとくん、起きて。おやつだって」ひろこさんといっしょにテーブルに着くと、お母さんがケーキを出してくれました。「あっ！」かずとくんがびっくりしたことには、そのケーキは、夢で見たのとまったく同じケーキでした。うれしくなったかずとくんは、にこにこしながらひろこさんといっしょにケーキを食べました。

①上のお部屋を見てください。かずとくんが描いた絵に○をつけてください。
②真ん中のお部屋を見てください。かずとくんが読んだ絵本に×、ひろこさんが読んだ絵本に○をつけてください。
③下のお部屋を見てください。かずとくんの夢の中に出てこなかったことに×をつけてください。

〈時間〉　５分

問題6　分野：推理（比較）

〈準備〉　鉛筆

〈問題〉　水槽の中におもちゃを２つずつ入れると、それぞれ下の絵のようになりました。１番大きいおもちゃはどれですか。上の絵に○をつけてください。

〈時間〉　50秒

問題7　分野：図形（四方からの観察）

〈準 備〉　鉛筆

〈問 題〉

上のお部屋を見てください。イヌは左から、ネコは右から、鳥は上から積み木を見ていましたが、今はくだものの箱で隠れていて見えません。それぞれ動物からは、真ん中のお部屋のように見えました。では、積み木を手前の矢印の方から見ると、どのように見えますか。それぞれ下から選んで○を付けてください。

〈時 間〉　1分

問題8　分野：図形（合成）

〈準 備〉　鉛筆

〈問 題〉　見本の三角タイルを使って、下の絵のような形を作りました。それぞれ何枚の三角タイルでできていますか。その数だけ右のお部屋に○を書いてください。

〈時 間〉　各30秒

問題9　分野：言語（言葉の音遊び）

〈準 備〉　鉛筆

〈問 題〉　①「ライオン」と同じ音の数のものに○をつけてください。
②「クリ」と同じ音の数のものに×をつけてください。
③「でんでんだいこ」と同じ音の数のものに△をつけてください。
④「カブトムシ」と同じ音の数のものに□をつけてください。

〈時 間〉　各30秒

問題10　分野：言語（しりとり）

〈準 備〉　鉛筆

〈問 題〉　上の絵をそれぞれしりとりでつなげます。印がついているお部屋には何が入りますか。下から選んで、同じ印をつけてください。

〈時 間〉　各20秒

家庭学習のコツ①　「先輩ママのアドバイス」を読みましょう！

本書冒頭の「先輩ママのアドバイス」には、実際に試験を経験された方の貴重なお話が掲載されています。対策学習への取り組み方だけでなく、試験場の雰囲気や会場での過ごし方、お子さまの健康管理、家庭学習の方法など、さまざまなことがらについてのアドバイスもあります。先輩ママの体験談、アドバイスに学び、ステップアップを図りましょう！

問題11　分野：言語（しりとり）

〈準備〉　鉛筆

〈問題〉　ここにある絵をしりとりでできるだけ長くつながるように、線を引いてください。使わないものもあります。

〈時間〉　各20秒

問題12　分野：言語（動詞）

〈準備〉　鉛筆

〈問題〉　①上のお部屋を見てください。この中で「とる」という絵に○をつけてください。
②下のお部屋を見てください。この中で「かける」という絵にすべて○をつけてください。

〈時間〉　各20秒

問題13　分野：図形（回転図形）

〈準備〉　鉛筆

〈問題〉　左の形を回すとどうなりますか。正しいものをそれぞれ右から選んで○をつけてください。

〈時間〉　各20秒

問題14　分野：推理（系列）

〈準備〉　鉛筆

〈問題〉　まわりの星の形は、左上から矢印の方向にあるお約束で並んでいます。タヌキとキツネのお部屋にはどんな形が入りますか。真ん中の大きな星のお部屋から選んで、タヌキのところに入る形には○、キツネのところに入る形には△をそれぞれつけてください。

〈時間〉　1分

問題15　分野：記憶（見る記憶）

〈準備〉　鉛筆

〈問題〉　この絵をよく見てどこに何があるか覚えてください。時間がきたら隠します。
（問題15-1の絵を20秒間見せて隠す。それから問題15-2の絵を渡す）
こけしとアサガオはどこにありましたか。こけしがあったところに△、アサガオがあったところに○を書いてください。

〈時間〉　1分

問題16　分野：常識（理科・季節）

〈準備〉　鉛筆

〈問題〉　①上のお部屋を見てください。この中で木になるものはどれですか。すべて○をつけてください。
②真ん中のお部屋を見てください。この中で春の虫はどれですか。○をつけてください。
③下のお部屋を見てください。この中でお正月に関係するものはどれですか。○をつけてください。

〈時間〉　各20秒

問題17　分野：常識（理科）

〈準備〉　鉛筆

〈問題〉　①上のお部屋を見てください。同じ生きものの親子を線で結んでください。
②下のお部屋を見てください。アゲハチョウの卵はどれですか。○をつけてください。

〈時間〉　各30秒

問題18　分野：常識（マナーとルール）

〈準備〉　鉛筆

〈問題〉　この絵の中で、いけないことをしている人すべてに×をつけてください。

〈時間〉　30秒

問題19　分野：常識（マナーとルール）

〈準備〉　鉛筆

〈問題〉　この絵の中で、危ないことをしている人すべてに×をつけてください。

〈時間〉　30秒

問題1

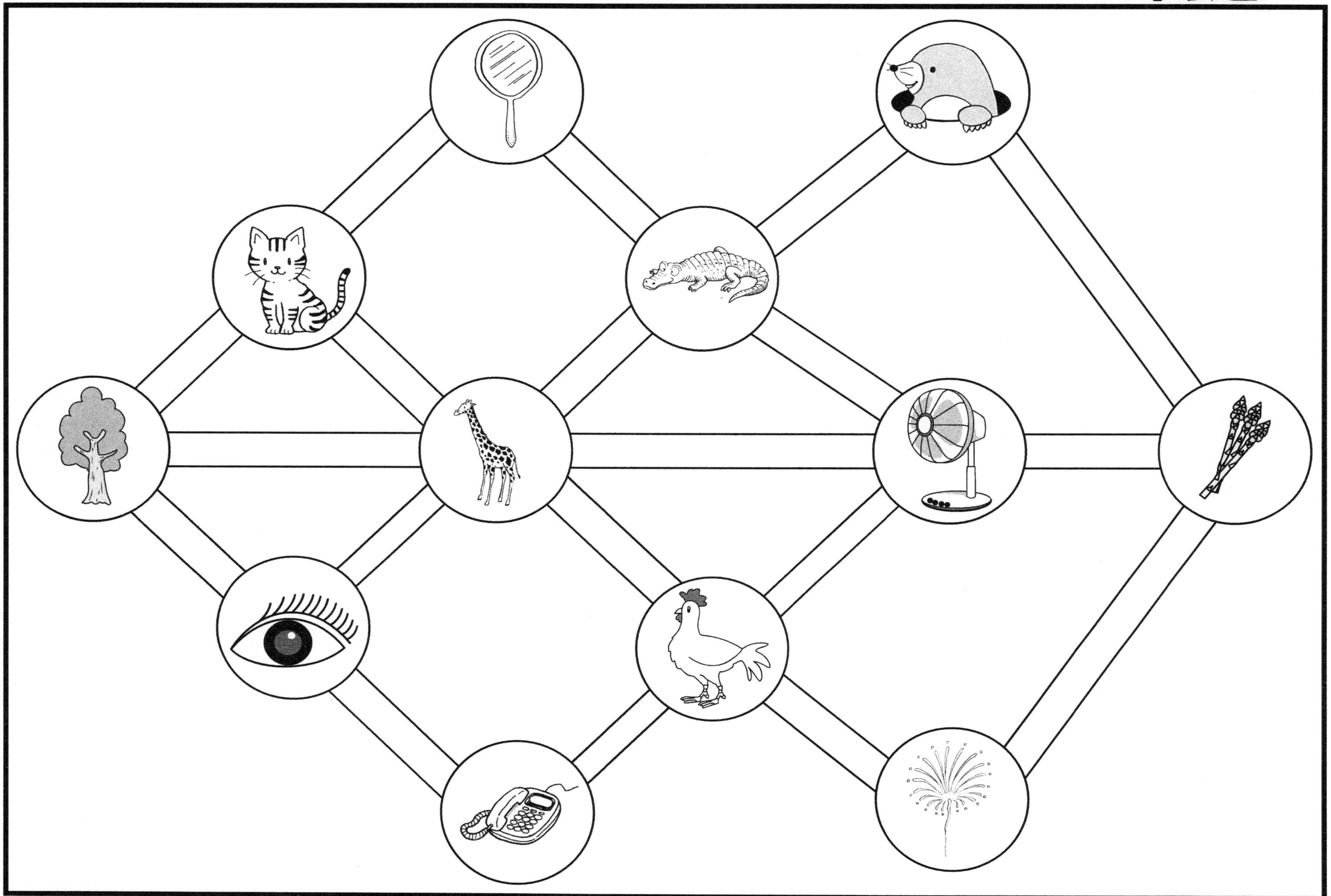

2022年度版 洗足学園 過去 無断複製／転載を禁ずる　日本学習図書株式会社

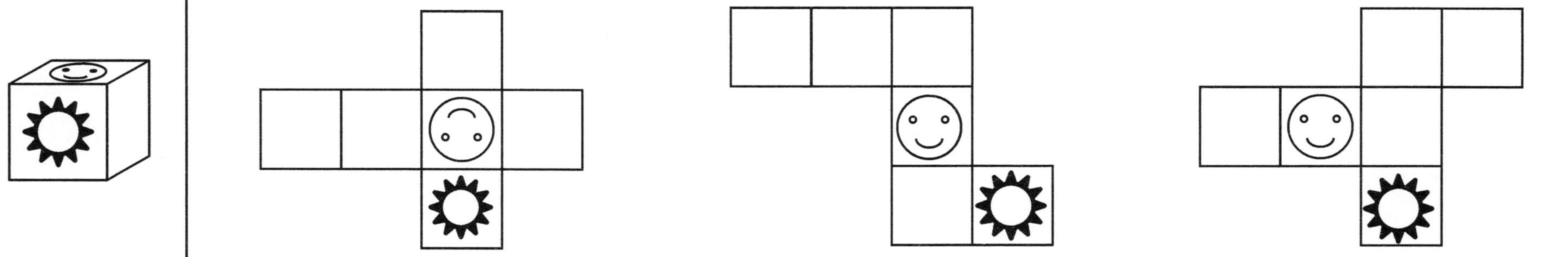

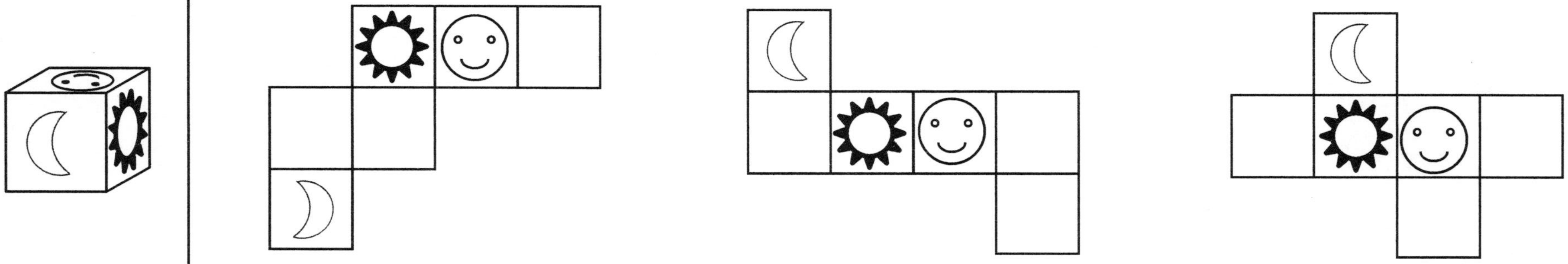

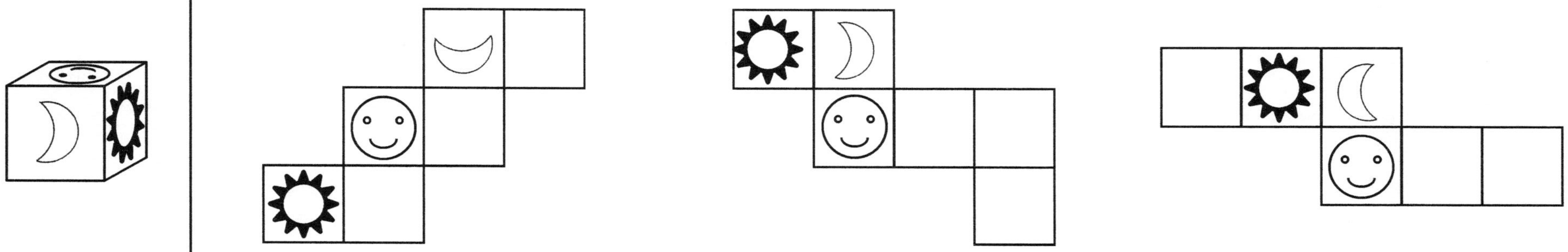

問題 3

①

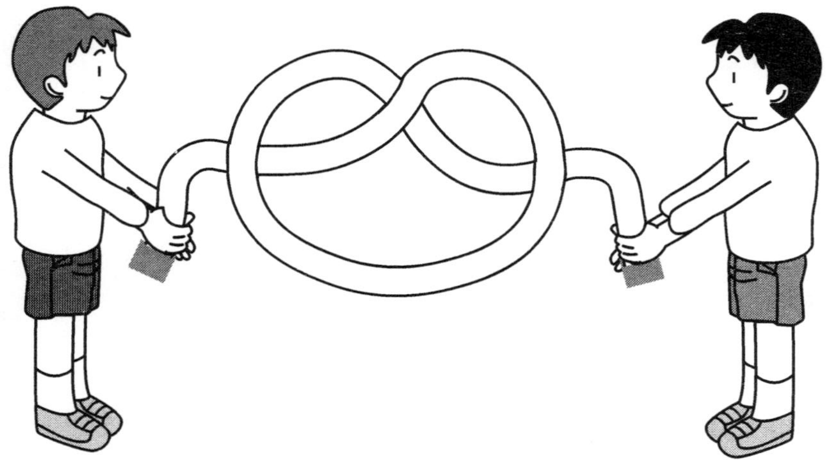

②

③

④

問題4

①

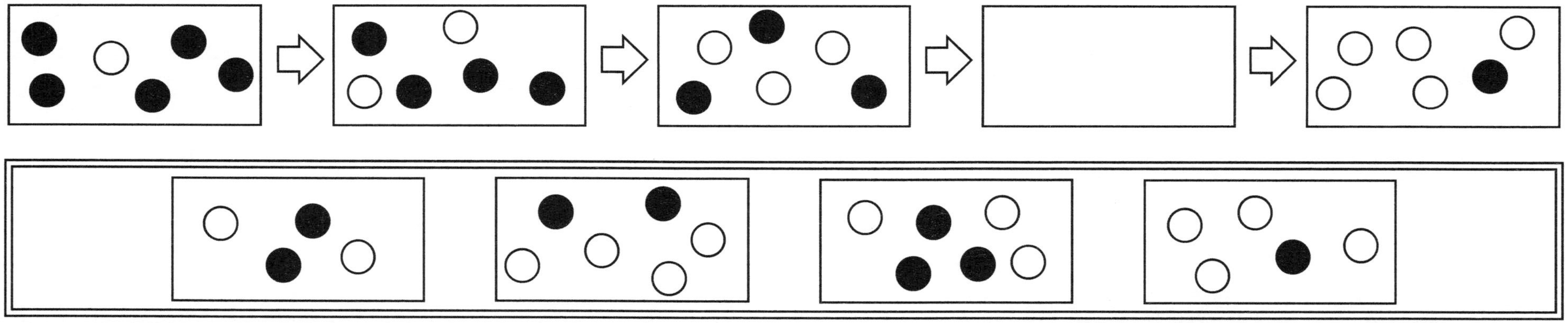

②

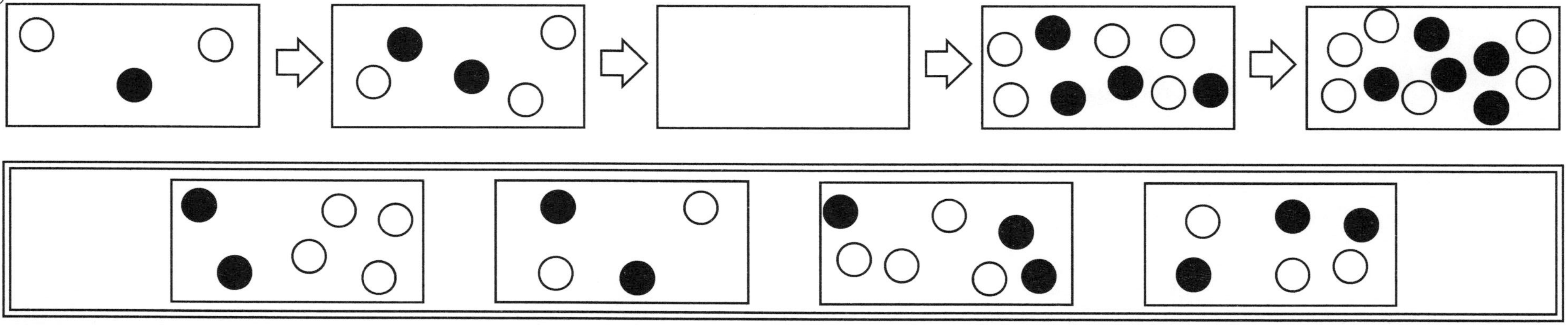

③

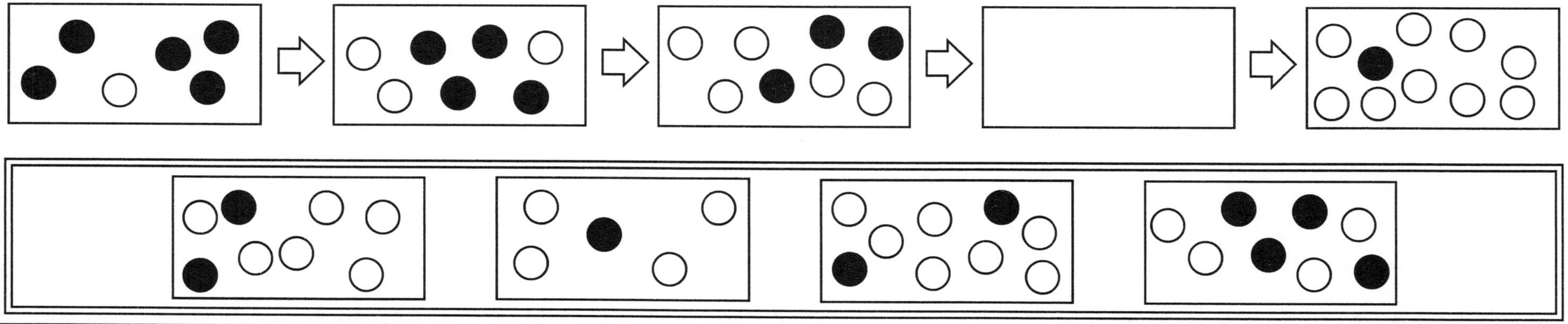

問題5

①

②

③

2022 年度版 洗足学園 過去 無断複製／転載を禁ずる 日本学習図書株式会社

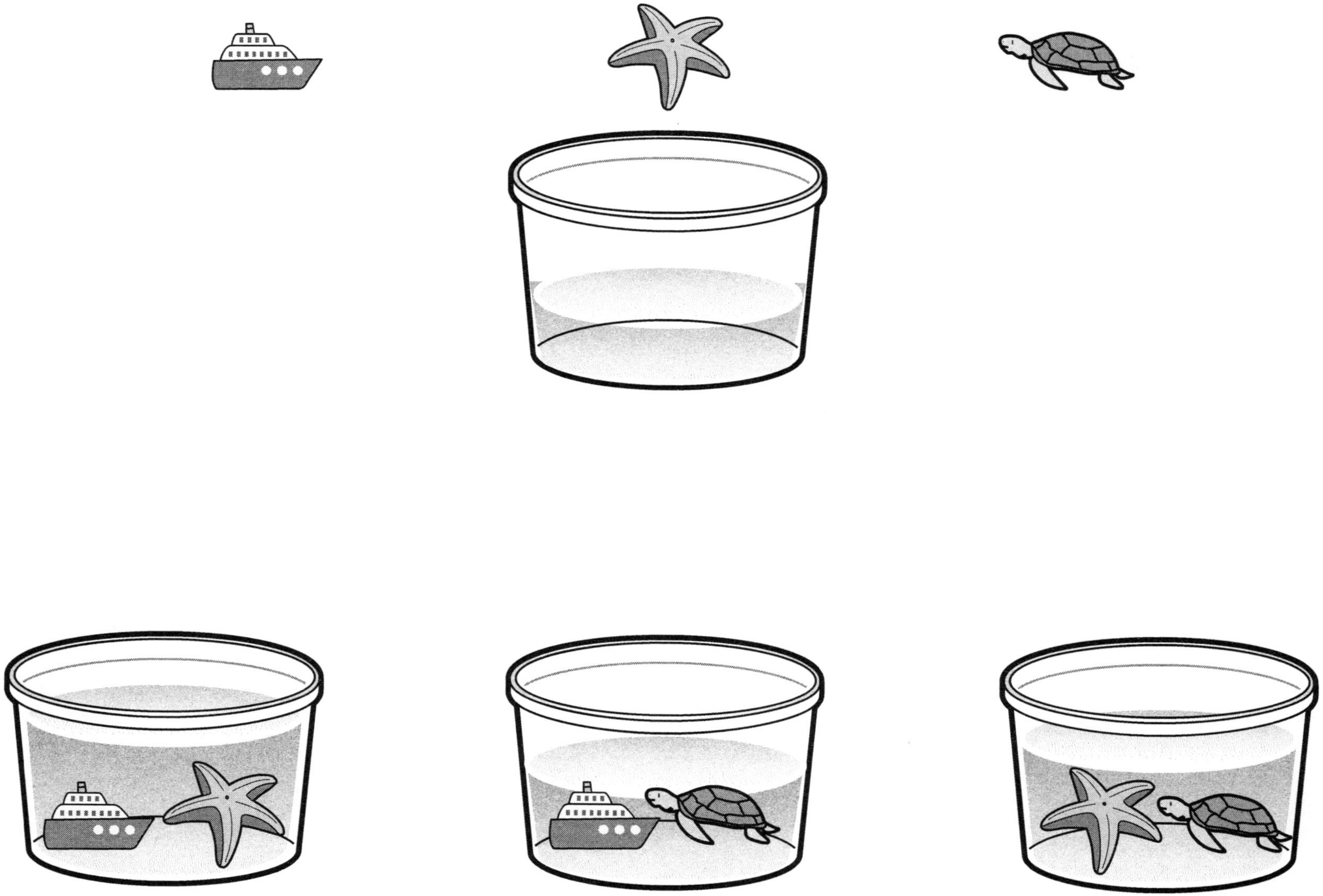

2022 年度版 洗足学園 過去 無断複製／転載を禁ずる

日本学習図書株式会社

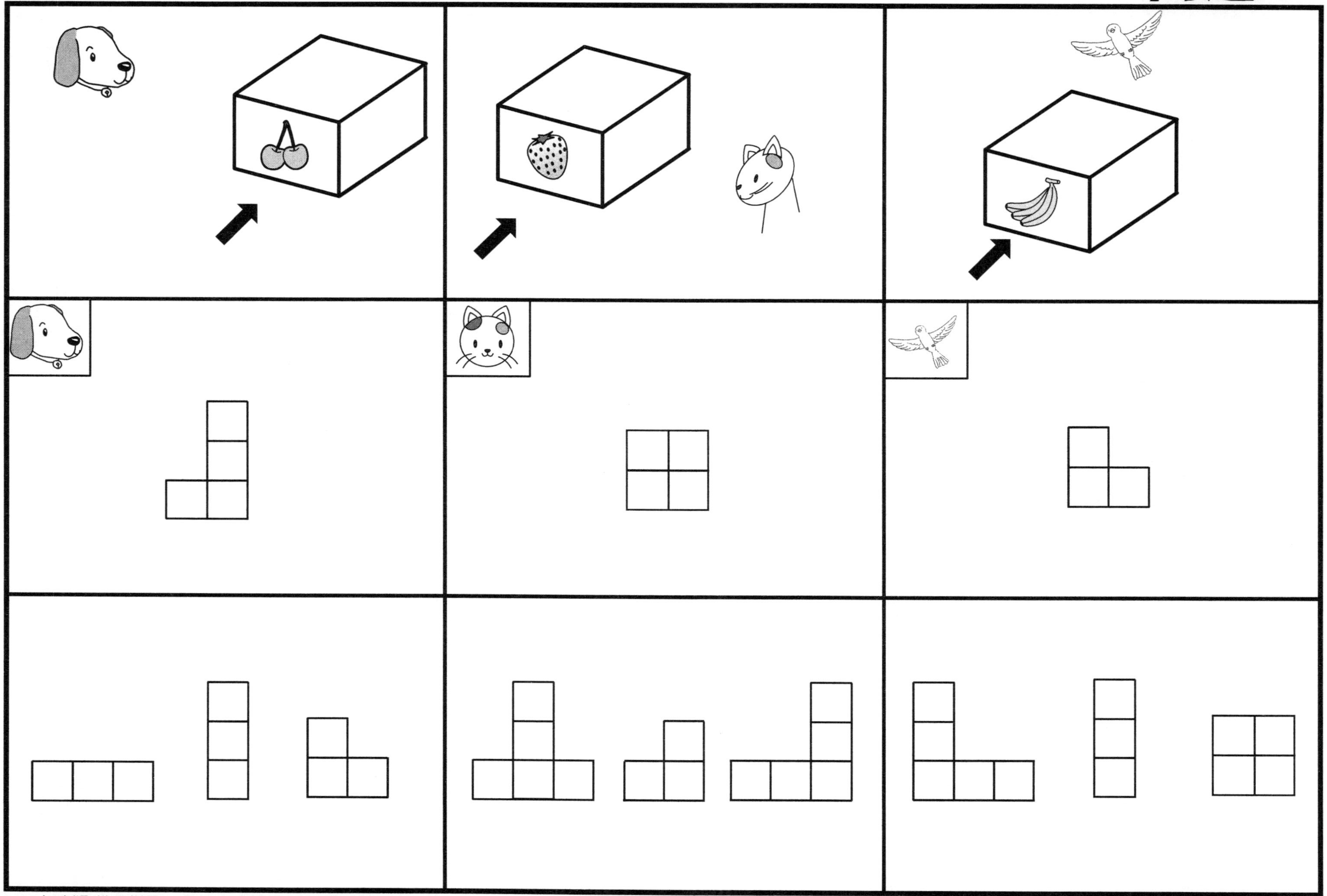

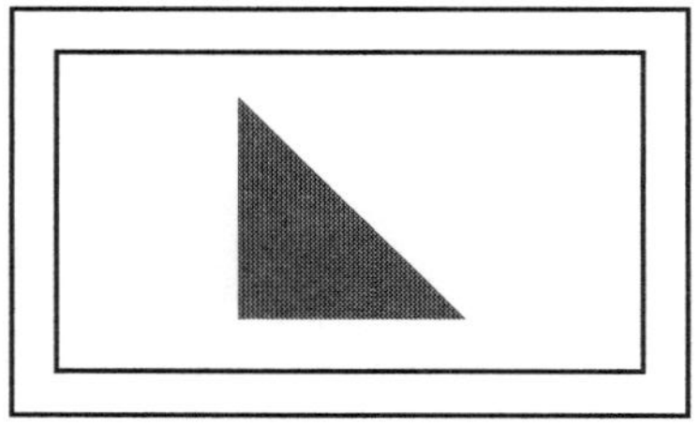

①

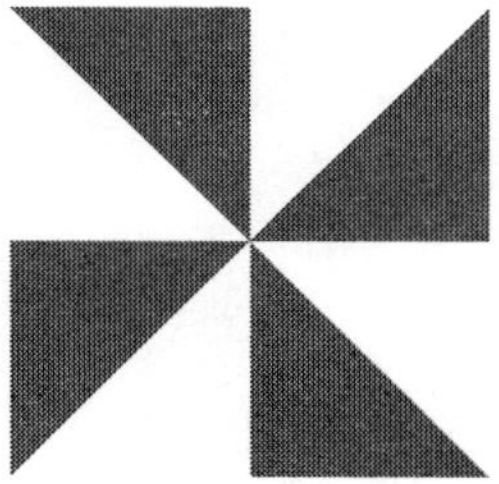

②

③

問題9

2022 年度版 洗足学園 過去 無断複製／転載を禁ずる 日本学習図書株式会社

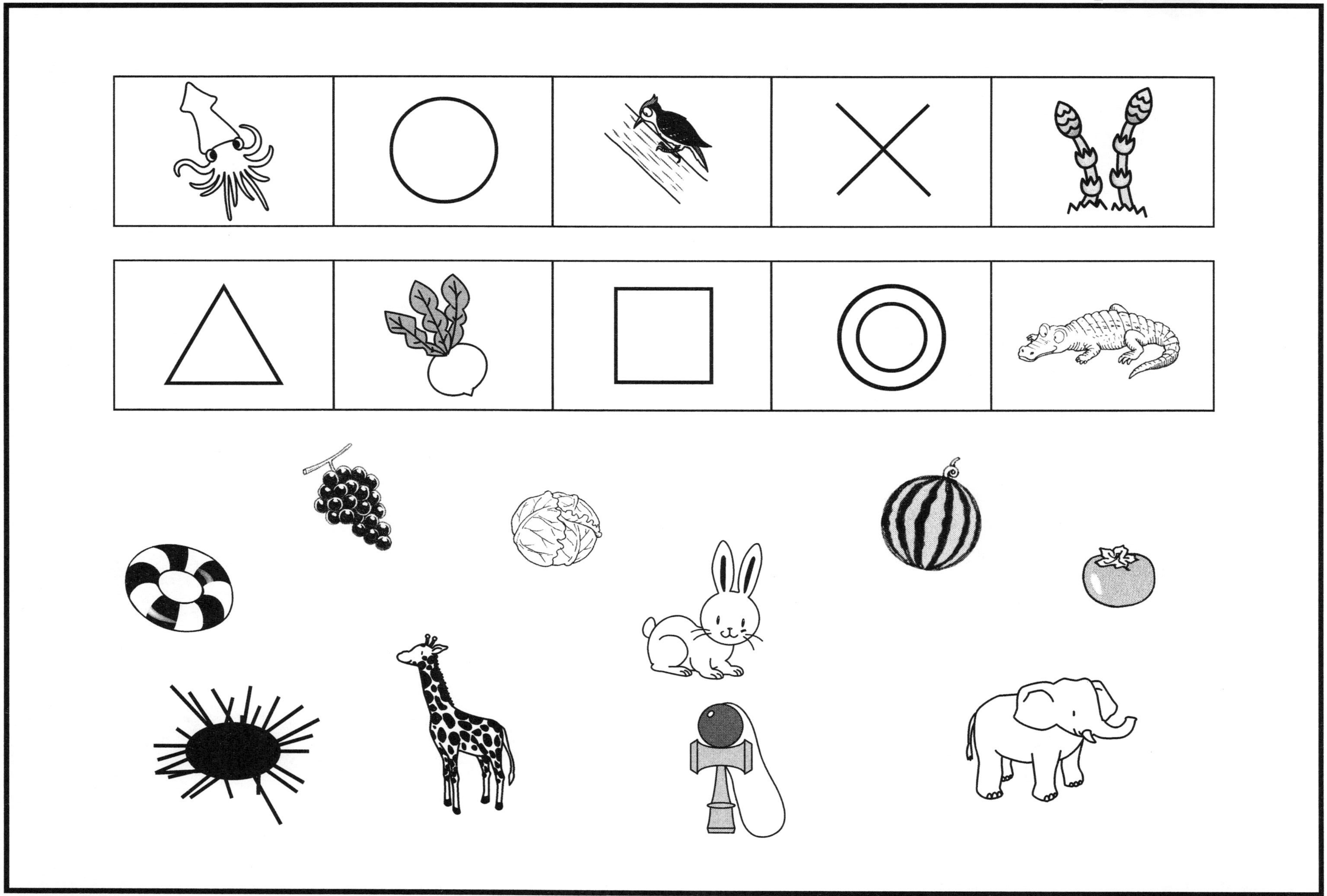

問題１１

2022 年度版　洗足学園　過去　無断複製／転載を禁ずる　日本学習図書株式会社

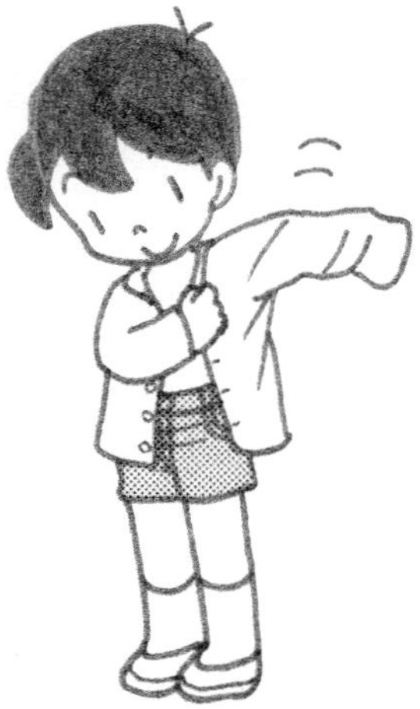

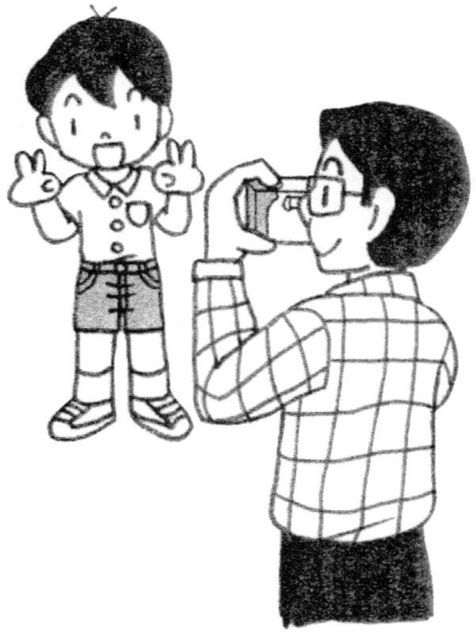

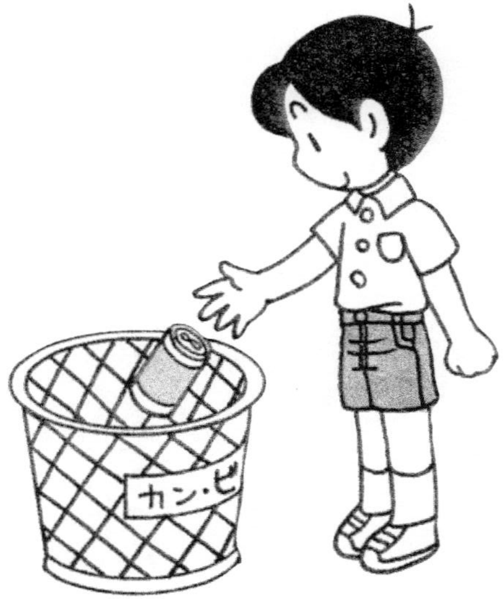

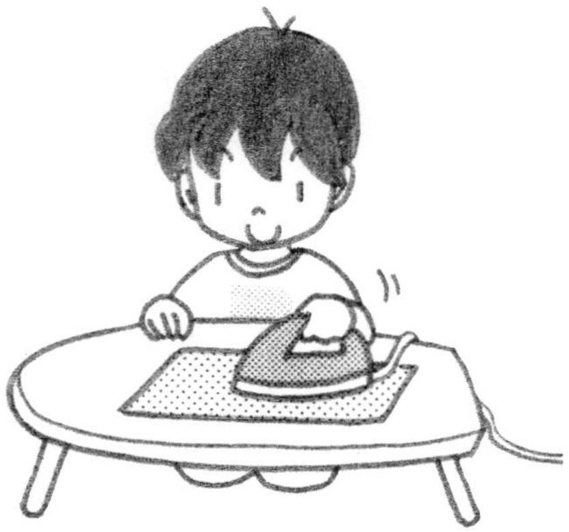

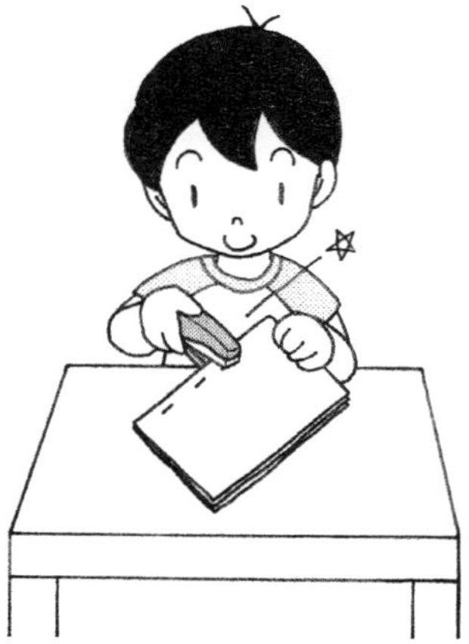

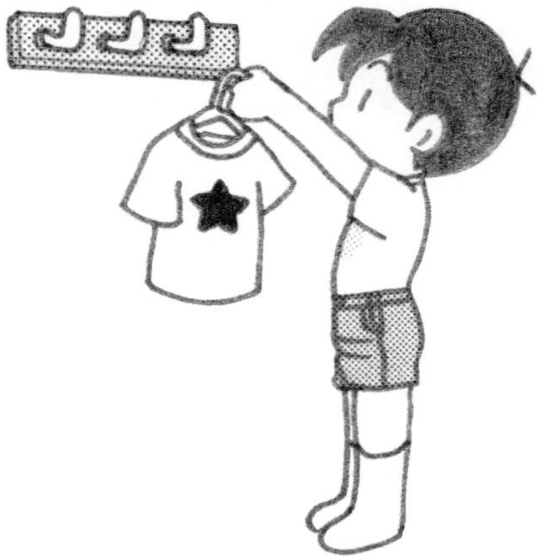

問題13

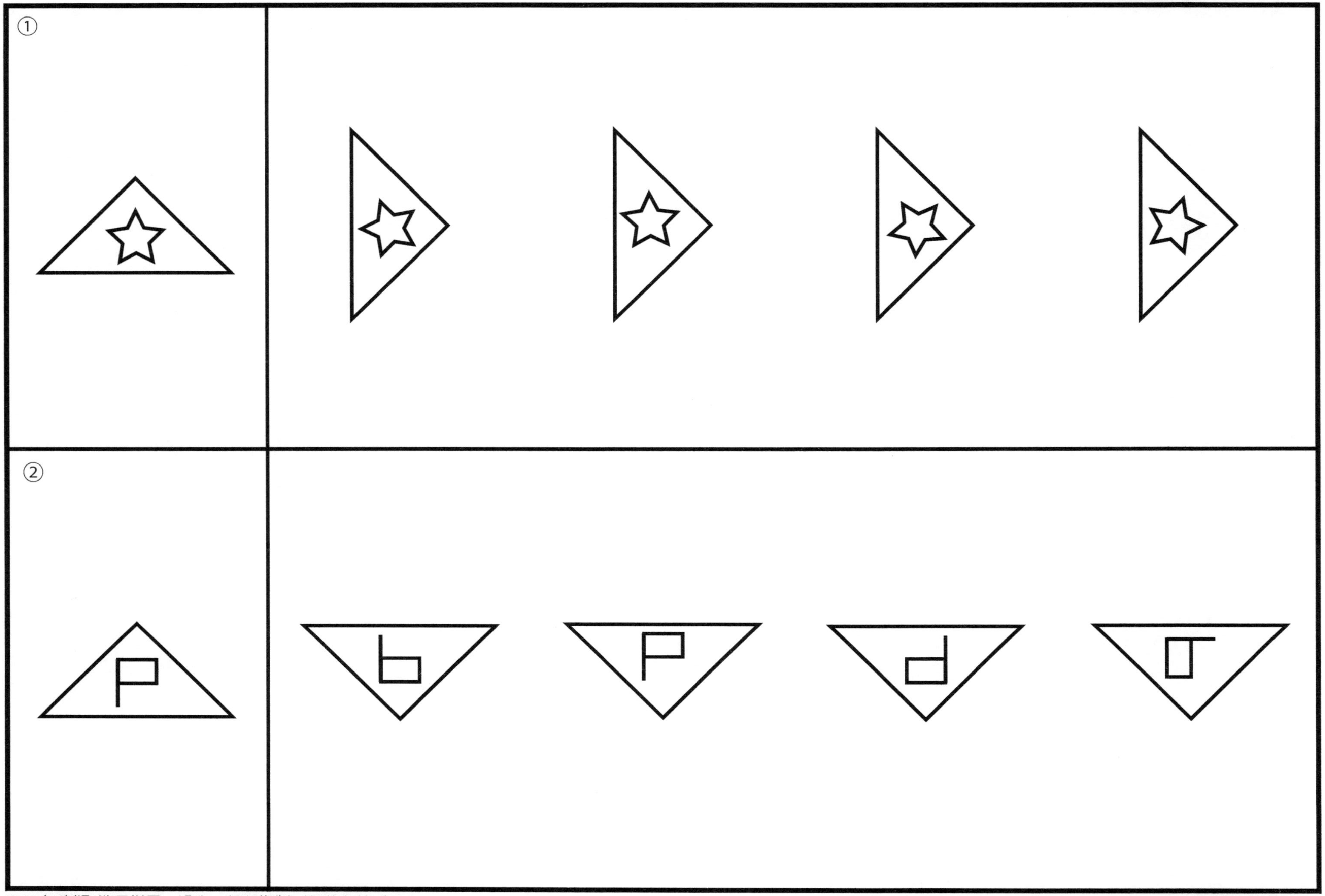
①
②

問題14

日本学習図書株式会社

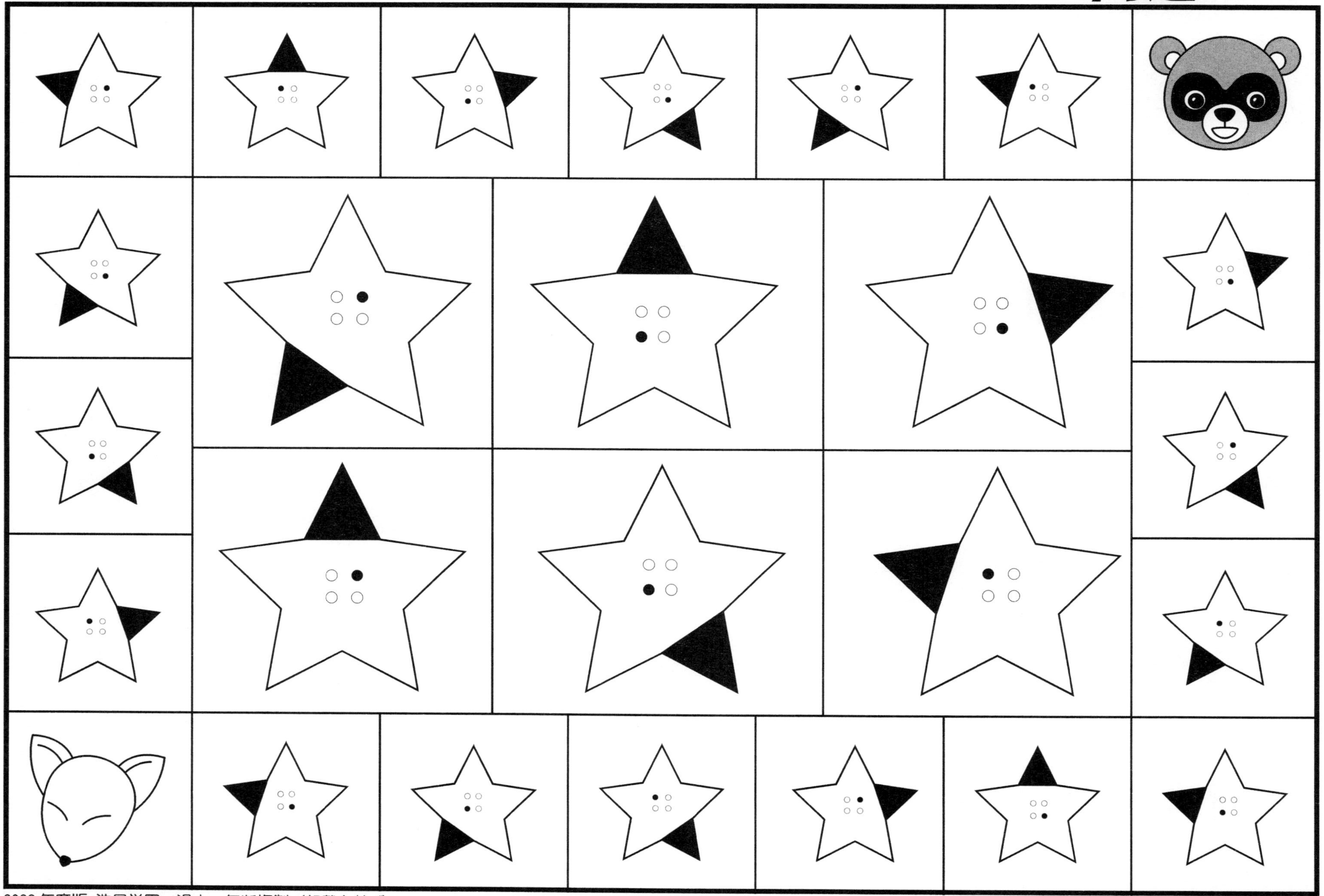

問題15－1

問題１５－２

①

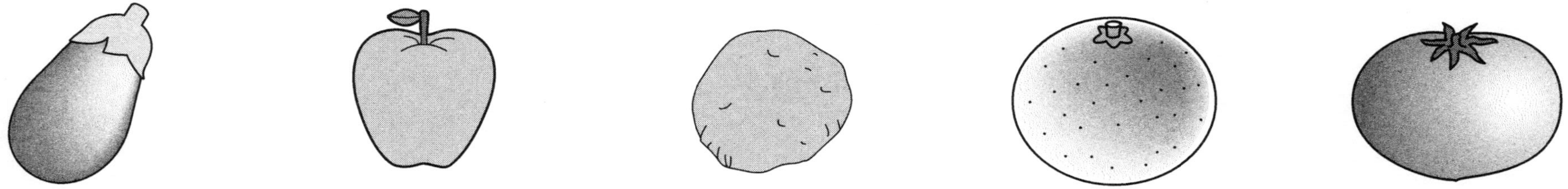

②

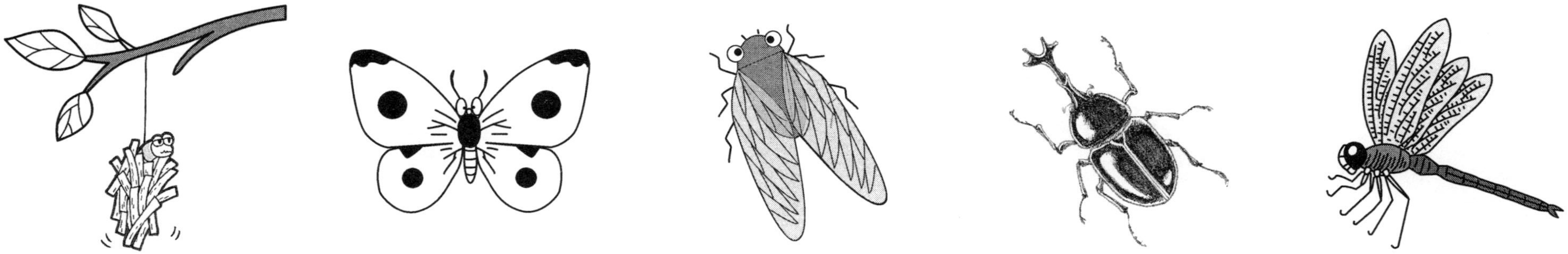

③

問題１７

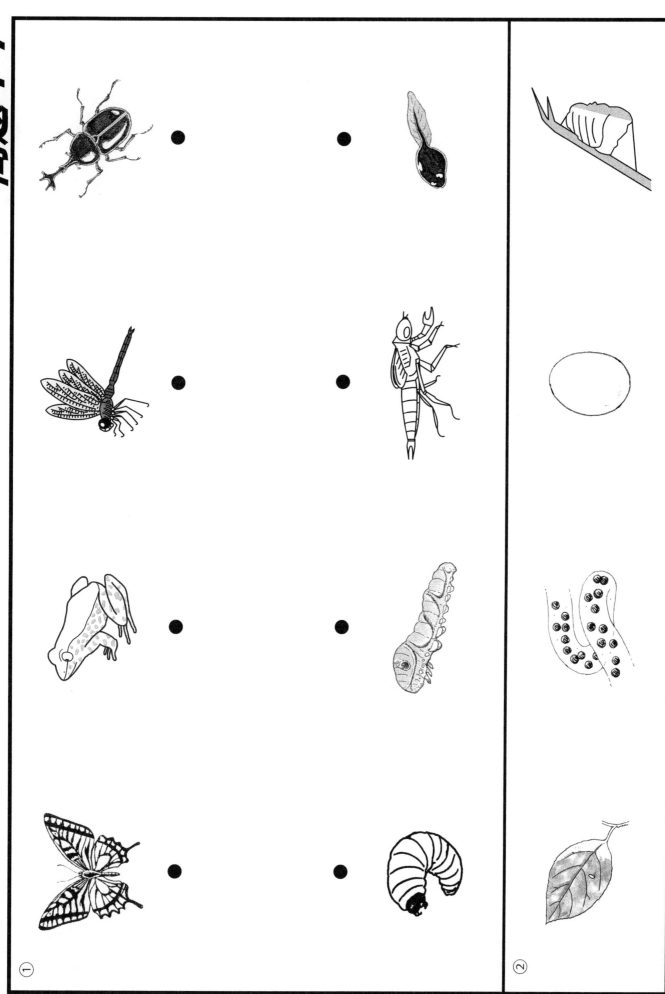

①

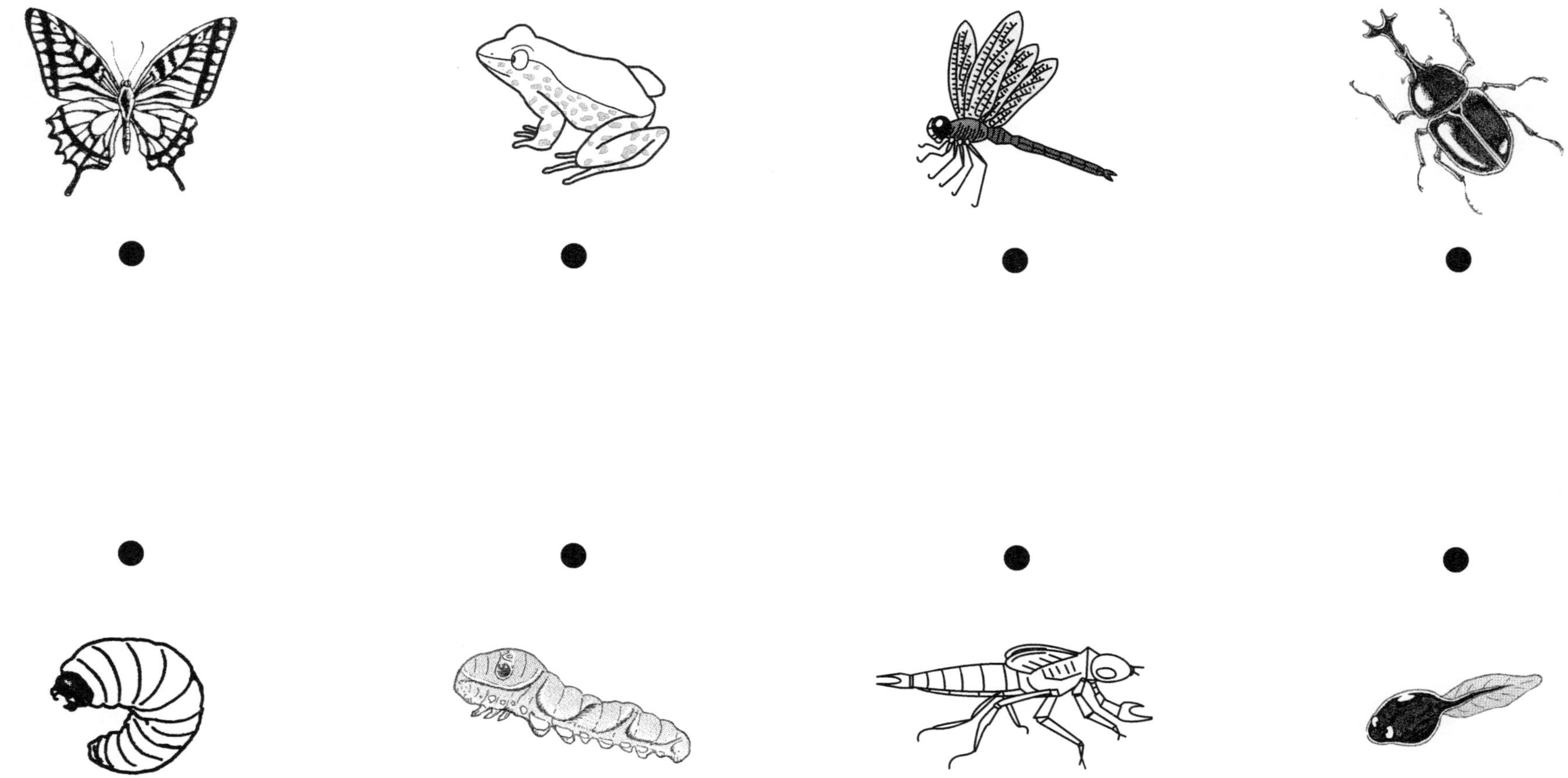

②

問題１８

問題１９

2021年度入試
解答例・学習アドバイス

解答例では、制作・巧緻性・行動観察・運動といった分野の問題の答えは省略しています。こうした問題では、各問のアドバイスを参照し、保護者の方がお子さまの答えを判断してください。

問題1　分野：言語（言葉の音遊び）

〈解 答〉　下図参照

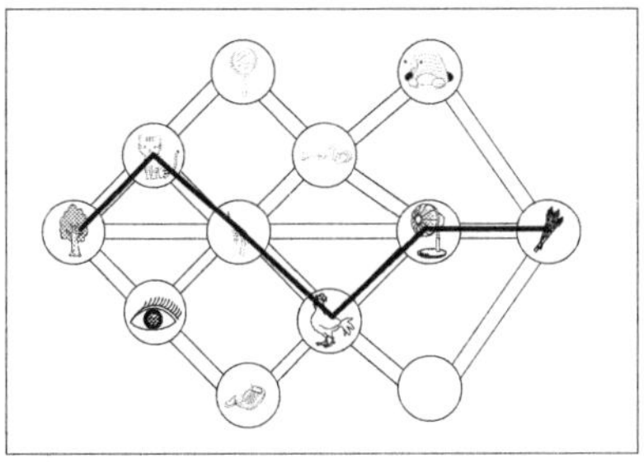

当校の試験問題は、毎年出題傾向が変わります。前年に出なかったタイプの問題が2～3割を占めるので、さまざまなタイプの問題をよく練習しておきましょう。言語分野の問題は毎年出題されます。絵に描かれているものは身近なものばかりで、名前がわからないものはないと思われます。注意したいのは、問題の指示です。「1つずつ音の数が増えていくように」絵と絵を線で結ぶ、という指示の意味が、「き→ねこ→きりん→にわとり→……」というふうに、名前の音の数が1→2→3→……となるようにたどることだとわかれば、あとはていねいに線を引いていくだけです。迷路のように複雑に枝わかれし、幅の狭い道を鉛筆でたどりますから、線がぶれないように、ていねいに書いていきましょう。

【おすすめ問題集】

Ｊｒ・ウォッチャー17「言葉の音遊び」、18「いろいろな言葉」、
60「言葉の音（おん）」

家庭学習のコツ②　「家庭学習ガイド」はママの味方！

問題演習を始める前に、試験の概要をまとめた「家庭学習ガイド（本書カラーページに掲載）」を読みましょう。「家庭学習ガイド」には、応募者数や試験科目の詳細のほか、学習を進める上で重要な情報が掲載されています。それらの情報で入試の傾向をつかみ、学習の方針を立ててから、対策学習を始めてください。

問題2　分野：図形（展開）

〈解 答〉　①右端　②真ん中　③右端

サイコロの正しい展開図を選ぶ問題です。面に描かれた模様同士の位置関係だけでなく、模様の向きもよく考えて選びましょう。このことは問題文にも書かれていますから、学校側が重視している点だということがわかります。笑顔マークの向きや三日月の向きを、頭の中で角度を変えてイメージできるようにしておきましょう。どうしてもイメージできない時は、紙を切り抜いて実際に作ってみてもかまいません。大切なことは、実際の紙で練習していくうちに、頭の中で予測したりイメージしたりできるようになることです。頭の中でサイコロを動かして、切り開く方向によって模様の向きがどう変わるのか、よく考えて選びましょう。

【おすすめ問題集】

Ｊｒ・ウォッチャー５「回転・展開」、46「回転図形」

問題3　分野：推理（ひもの結び目）

〈解 答〉　②と③（右上と左下）

絡まっているひもの両端を引っ張ると、結び目ができるかどうかを問う問題です。結び目はひもがどうなっている時にできるのか、日頃からよく見ていればそんなに難しくありません。頭の中でひもを引っ張り、まっすぐに伸ばした時に絡まっているところがあるかどうか、ていねいにイメージしてみましょう。重なっていても、結び目になる重なり方と結び目にはならない重なり方があります。よく見分けて考えましょう。

【おすすめ問題集】

Ｊｒ・ウォッチャー31「推理思考」

問題4　分野：推理（系列）

〈解 答〉　①左から２番目　②右から２番目　③右から２番目

●と○の数を数えて、数の増減の規則を考える問題です。この問題で注意したいのは、●と○が別々の規則にしたがって増減しているということです。それぞれのパターンを考えた上で、空欄に当てはまる数を考え、答えを選びましょう。問題文に「動きながら」とありますが、ここで動きのパターンと勘違いしてしまうと正解を導けません。問題文をよく聞いて、聞かれている条件は何か、正しく理解して答えましょう。

【おすすめ問題集】

Ｊｒ・ウォッチャー31「推理思考」、６「系列」

問題5　分野：お話の記憶

〈解 答〉　下図参照

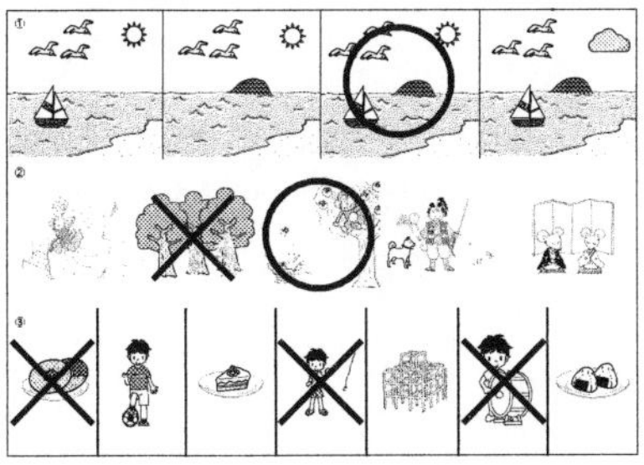

前年度は姿を消したお話の記憶がまた出題されました。400～600字と決して長くはなく、内容もシンプルなものです。聞かれている事柄も、お話をよく聞いていれば自然に答えられるようなものばかりです。ストーリーを追いながら場面を想像していくと、出てきたものをイメージの中で記憶することができます。また、誰がどんなことをしたのか、どんなことが起きたのか、しっかりとつかみながら聞くようにすることも大切です。これらは物語を理解する上でもっとも基本的なことですから、確実にできるようにしましょう。そのためには、読み聞かせの後に「出てきた人は誰？」「どこにいたの？」「何をしていた？」など、お話の内容についてお子さまといっしょに振り返ってみるとよいでしょう。お話の記憶は決して難しいことではなく、楽しみながら学べる分野です。日々の読み聞かせの中にいくつか質問を追加するだけでも、ぐっと力が付きます。ぜひ取り組んでみましょう。

【おすすめ問題集】

1話5分の読み聞かせお話集①②、お話の記憶 初級編・中級編・上級編、
Ｊｒ・ウォッチャー19「お話の記憶」

問題6　分野：推理（比較）

〈解 答〉　ヒトデ（真ん中）

おもちゃを沈めた時の水面の高さで大きさを比べます。大きいおもちゃほど水に沈めた時により高く水面が上がる、というのは、水遊びなどで気付いているお子さまもいるかもしれませんが、アルキメデスの原理の働きです。解く時は３つの水槽のうち２つの水槽を選んで注目します。片方のおもちゃはどちらの水槽にも入っていますから、このおもちゃの大きさの分は水面の高さの差には影響しません。ですから水面が高い方の水槽に入っているもう１つのおもちゃは、水面が低い方の水槽に入っているもう１つのおもちゃよりも大きいということになります。これを繰り返して比べていけば、１番大きいおもちゃがどれかがわかります。この考え方は小学算数の消去算、中学数学の連立方程式の根底にある考え方と同じで、数学や理科の基本的なセンスや観察力、思考力の萌芽を見たいという当校の姿勢がよくわかると思います。幅広い分野からの出題も、身の周りのことに興味をもってよく観察するお子さまに来てほしいという学校の姿勢の表れだと考えられます。類題をよく練習するだけでなく、日頃からいろいろな物事に興味を持たせるようにしましょう。

【おすすめ問題集】

Ｊｒ・ウォッチャー15「比較」、31「推理思考」、58「比較②」

問題7　分野：図形（四方からの観察）

〈解 答〉　下図参照

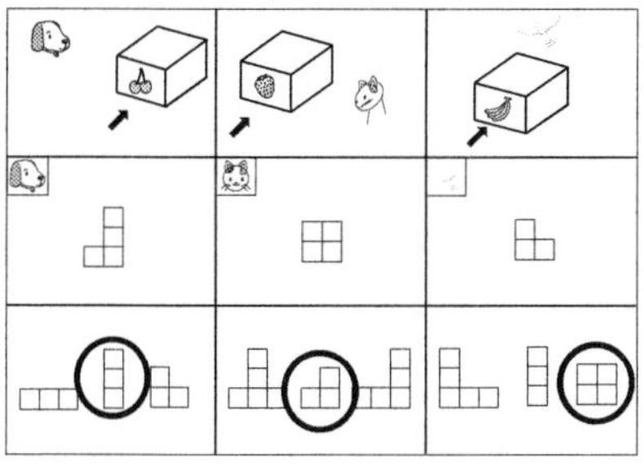

積み木が違う角度から見るとどのように見えるかを問う問題です。与えられた平面図から立体を頭の中で想像して組み立てる、空間的な認識・推理の力を見ています。この問題のポイントは、積み木は隠されてしまっていて、どんな形かわからないというところです。与えられた図形と答えの選択肢から、積み木の形と別の方向からの見え方の２つを推理しなくてはなりません。苦手なお子さまは、まずは普通の四方からの観察の問題で練習を積み重ね、違う角度からどのように見えるか推理することに慣れましょう。それから、今度は見え方から実際の積み木を積んで積み木の形を再現してみると、この種の問題がわかるようになります。四方からの観察の問題は当校だけでなく多くの学校で出題されますし、立体図形のセンスの基礎になりますので、練習して感覚的につかめるようになることは先のお勉強の土台にもなります。

【おすすめ問題集】Ｊｒ・ウォッチャー53「四方からの観察　積み木編」

問題8　分野：図形（合成）

〈解 答〉　①○：４　②○：６　③○：７

図形の合成の問題は、さまざまな学校で出題される普遍的なジャンルです。最初は大きさや図形の向きを頭の中で変えて境目の線を見つけることに戸惑うお子さまもいらっしゃることでしょう。けれども、図形のセンスは、よく練習することで育てることができます。図形の合成の問題で言えば、タングラムパズルで遊ぶことで図形の分割線を見抜くことができるようになります。すでにある図形を自分で作ってみるにはどのような組み合わせがよいか、いろいろ試して楽しむことで、図形の合成のセンスが磨かれるのです。タングラムに限らず、生まれつきのセンスがものを言うと考えられがちな図形の問題ですが、実際には図形パズルや問題練習で育成できる力です。ていねいに根気よく練習を積み重ねましょう。

【おすすめ問題集】
Ｊｒ・ウォッチャー３「パズル」、９「合成」、45「図形分割」

問題9　分野：言語（言葉の音遊び）

〈解 答〉　下図参照

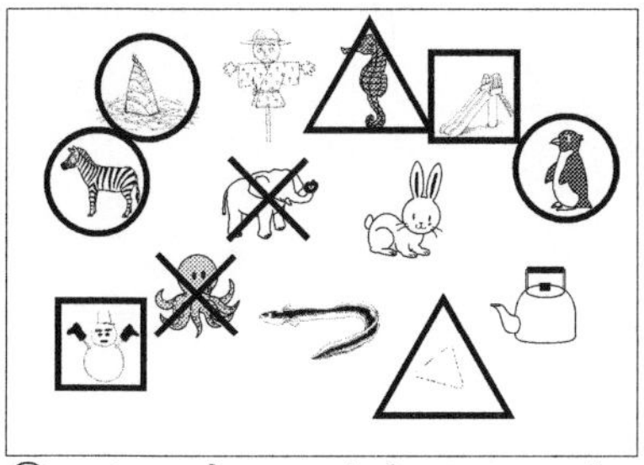

○：シマウマ、タケノコ、ペンギン
×：ゾウ、タコ
△：タツノオトシゴ、トライアングル
□：すべりだい、ゆきだるま

言葉の音の数が同じ言葉を探して印をつける問題です。使われている言葉は年齢相応の語彙であり、決して難しい問題ではありません。制限時間が短いため、指を折って文字数を数える時間はありません。頭の中で文字数を数え、それと同じものを探します。絵を見て名前が思い浮かぶ瞬間に同時に文字数もつかむことができれば、この問題は得点源になります。絵を見せて文字数を答える文字数当てゲームなどを通じて、楽しく練習を積ませるようにしましょう。

【おすすめ問題集】
Ｊｒ・ウォッチャー17「言葉の音遊び」、18「いろいろな言葉」、
60「言葉の音（おん）」

問題10　分野：言語（しりとり）

〈解 答〉　○：カキ　×：キャベツ　△：スイカ　□：ブドウ　◎：浮き輪

オーソドックスなしりとりの問題です。注意することは、上の段と下の段は違うしりとりになっているということです。上の段は「ツクシ」でしりとりが終わり、下の段は新しいしりとりが、「カ」で終わる言葉で始まっています。ヒントのつかみ方も大切です。前の言葉の最後の音と、次の言葉の最初の音がヒントです。このようなヒントから言葉をすぐに思いつくようにするには、最初の音が同じ言葉を集める「頭音集め」や、最後の音が同じ言葉を集める「尾音集め」といった言葉遊びで言葉の音に親しんでおくことです。言葉は思いつく練習をすればするほど、それだけ速く言葉を思いつくようになります。コツコツと遊びながら力を蓄えましょう。

【おすすめ問題集】
Ｊｒ・ウォッチャー49「しりとり」

問題11　分野：言語（しりとり）

〈解 答〉　下図参照

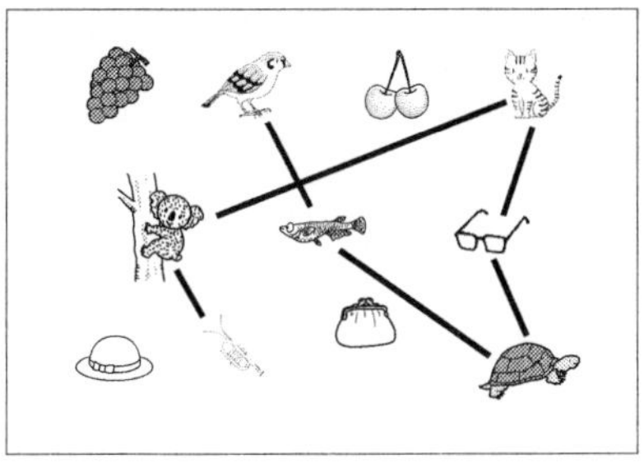

スズメ→メダカ→カメ→メガネ→ネコ→コアラ→ラッパ

しりとりの問題ですが、この問題の面白いところは、「できるだけ長くつながるように」という指定です。つまり、正解以外にもしりとりとしてつながる組み合わせが含まれているのです。それを見分けて、なるべく長くつながるように考えて線を引く必要があります。当校がこの問題で見ようとしているのは、語彙力だけでなく見通しをつける力です。問題の絵を見ると、「スズメ」の次に来る「メ」で始まる言葉は「メダカ」と「メガネ」の２つがあります。ここで「スズメ→メガネ」とつないでしまうと、「スズメ→メガネ→ネコ→コアラ→ラッパ」となり、メダカとカメが入りません。また逆に、設問を勘違いしてすべての言葉をつなごうとすると、時間を浪費して解答できなくなる恐れがあります。全体を見渡して、ほかにつなげられる言葉はないかよく考えてから線を引きましょう。

【おすすめ問題集】

Ｊｒ・ウォッチャー49「しりとり」

問題12　分野：言語（動詞）

〈解 答〉　①真ん中　②左と右

動作を表す言葉の問題です。日常生活の中でよく行われる動作が描かれていますから、言語の問題であると同時に、常識の問題でもあると考えられます。この問題の面白いところは、取り上げられている動詞が多義語であるということです。たとえば「とる」という動詞は、「写真を撮る」だけでなく、「帽子を取る（＝脱ぐ）」「魚を捕る（＝釣る）」「野菜を摂る（＝食べる）」などというように、さまざまな意味で使われます。日本語には多義語が多くあり、特に動詞の多義語は言葉遊びの材料として楽しみながら覚えたり使ったりできるものです。その動詞を使う動作にどんなものがあるか、交代で挙げていくなど、遊びを活用して語彙を広げていきましょう。多義語を使いこなすことは、言葉の感覚を育てる上でも大切なことです。

【おすすめ問題集】

Ｊｒ・ウォッチャー18「いろいろな言葉」

問題13　分野：図形（回転図形）

〈解 答〉　①右端　②右から２番目

当校の過去問を見ると、回転図形や重ね図形の問題は比較的出題頻度の高い分野です。今回は２種類の図形を組み合わせた形を回転させます。複数の図形を同時に回転させるタイプの問題の注意点は、全部の図形が正しく回転しているかどうかをていねいに見極めて答えを選ぶことです。頭をその角度に傾けて図形を眺めているお子さまがたまにいますが、体を動かして図形を見ることが減点対象になる学校もあります。できるだけ頭の中で図形を動かせるよう、何回も練習しましょう。

【おすすめ問題集】

Ｊｒ・ウォッチャー５「回転・展開」、８「対称」、46「回転図形」

問題14　分野：推理（系列）

〈解 答〉　下図参照

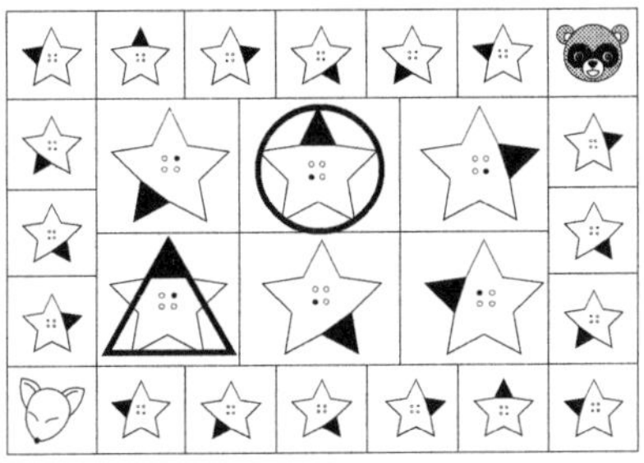

星型の黒い部分が移動する系列と、中央の●が移動する系列の２種類が同時に進行します。それぞれどのように動いているのか、別々の動きを考えて、空欄に入る図形を選びます。星型の黒い部分は時計回りに５ヵ所を移動しています。同時に、中央の●は反時計回りに４ヵ所を移動しています。その規則にしたがって、空欄の前後の図形から正しい図形を考えればよいのです。２つ同時に見つけるのは難しいと思いますので、片方ずつたどって規則を見つけましょう。そうすれば、あとはすぐに正解が見つけられます。系列が苦手なお子さまには、トランプ、ドミノなどで決まりにしたがってものを並べる遊びをさせるとよいでしょう。パターンに興味を持てば、系列の問題は楽しく練習することができるようになります。

【おすすめ問題集】

Ｊｒ・ウォッチャー６「系列」、59「欠所補完」

問題15　分野：記憶（見る記憶）

〈解答〉　下図参照

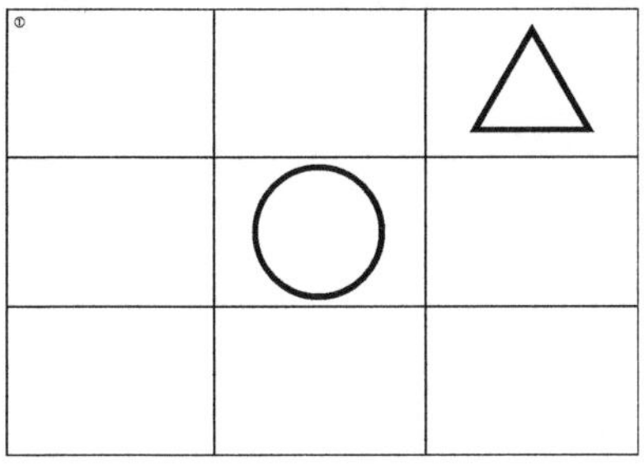

記憶力を測るテストには３種類のパターンがあります。目で見たものを覚える記憶力を測るもの、耳で聞いたものを覚える記憶力を測るもの、そしてできごとなどエピソード記憶と呼ばれるものを測るものです。この問題は、目でぱっと見たままを覚えているかどうかを測る典型的な出題です。得意なお子さまは苦もなく得点源になることでしょう。苦手なお子さまには、言葉に置き換えて覚える方法が有効な場合があります。たとえば「上、空き、ひまわり、こけし」といったように、場所と並び順を言葉を並べて覚えてしまうのです。とはいえ、目で見て全体を絵としてとらえる訓練は、速読などの力にも結びつきますから、苦手と決めつけないで遊びの感覚で練習してみましょう。目で見た記憶を保持できると、例えば黒板に書かれたことをノートに写したり、模写をしたりするのが苦になりません。小学校入試だけでなく、成長に寄与するトレーニングでもありますので、コツコツと練習するとよいでしょう。

【おすすめ問題集】

Ｊｒ・ウォッチャー20「見る記憶・聴く記憶」、

ウォッチャーズ　アレンジ問題集４～記憶力ＵＰ「見る記憶」編～

問題16　分野：知識（理科・生活習慣）

〈解 答〉　下図参照

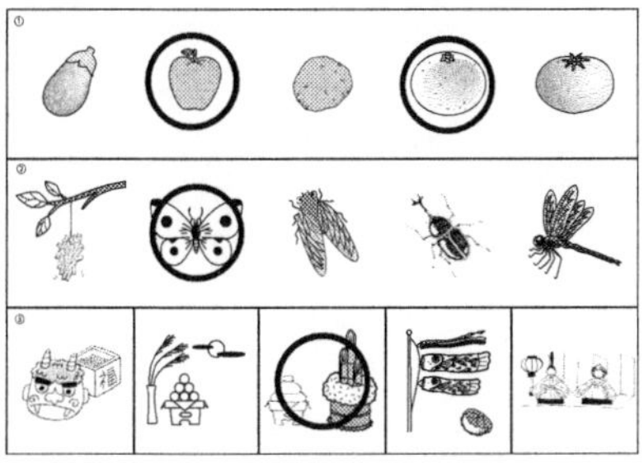

季節に関する身の周りの自然や行事に関する問題です。コロナ禍で外出もままならない状況の中、くだものや野菜は旬と季節を知らせる自然からの身近な贈り物でもあります。そのくだものや野菜に関心を持つことは、理科的な知識を蓄えるだけでなく、自然という視点から世界をとらえる自然科学のものの見方の入り口になります。昆虫も、お子さまの身近にあって興味を引く生きものです。触ることができなくても、ひらひらと舞うチョウや、夏の蝉時雨、涼風が立つ頃のアキアカネ（赤トンボ）など、見聞きする機会があると思います。つやつやしたカブトムシは、子どもが手を触れてみたいと思う昆虫の王者です。林の中で見つけられれば何よりですが、ペットショップにいるカブトムシから生態や自然への関心を持つこともまた大切なきっかけです。そういった自然への健やかな関心は、私たち日本人が持っている文化の中に、季節行事として織り込まれています。それぞれの行事で使うものの表す意味など、ご家族で話しながら行事をとり行うことも、お子さまの心を豊かにする大切な経験になり、学習姿勢の土台を築く重要な機会になります。

【おすすめ問題集】

Ｊｒ・ウォッチャー12「日常生活」、27「理科」、34「季節」、55「理科②」

問題17　分野：知識（理科）

〈解答〉　下図参照

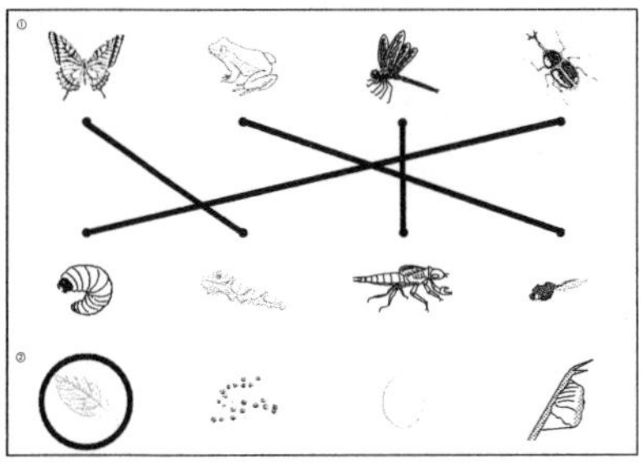

身近な生きものの知識を問う出題です。実物を見たことがなくても、図鑑や動画などで生態を知ることができますから、一度は触れておきましょう。水中にいるヤゴやオタマジャクシは観察できる場所が限られますが、アゲハチョウやカマキリの卵は公園や空き地などでも見かけることがあります。春先や晩秋に、図鑑を見ながら探してみるのもよい経験になるでしょう。水族館や博物館、植物園、ビオトープなど、お子さまが自然に触れられる施設も増えています。積極的に自然の生きものや生態を知る機会を持たせるようにしましょう。

【おすすめ問題集】
Ｊｒ・ウォッチャー27「理科」、34「季節」、55「理科②」

問題18　分野：常識（マナーとルール）

〈解答〉　下図参照

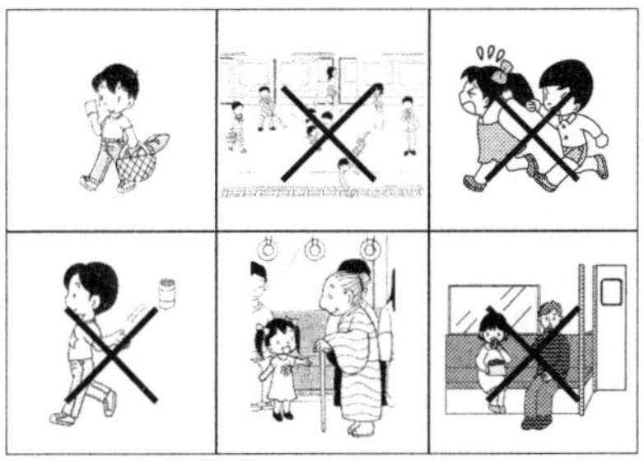

公共の場でのマナーを問う問題です。ほかの子をいじめたり、ゴミをポイ捨てしたりするのは言語道断ですが、ホームで騒いだり、電車の中でものを食べたりすることは、お行儀が悪いだけでなくほかの人の迷惑になります。社会の中で場に応じた振る舞いをすることはとても大切なことです。どんな行動をしてはいけないと思っているのか、この問題ではそれをストレートに尋ねています。間違えたものについては、なぜその行動がいけないことなのかをお子さまとよく話し合ってください。この問題は全問正解できるようにしておきましょう。

【おすすめ問題集】
Ｊｒ・ウォッチャー56「マナーとルール」

問題19　分野：常識（マナー）

〈解 答〉　下図参照

公共の場での危険な行為を選ばせる問題です。自分にとって危険だということは、周りも危険に巻き込む可能性がある行動だということです。これらの行動は１つひとつ判断していては間に合わないことがあるので、マナーとしてしてはいけないことと教えてしまうのが安全な方法です。この問題で間違えたものは、もしその行動を取るとどんな危険なことが起きそうかをよく話し合っておきましょう。年齢相応の適切な判断をして行動できることも、当校が児童に求める基礎的な能力の１つです。

【おすすめ問題集】

Ｊｒ・ウォッチャー56「マナーとルール」

洗足学園小学校　専用注文書

年　　月　　日

合格のための問題集ベスト・セレクション

＊入試頻出分野ベスト３

1st　図　形
観察力　思考力

2nd　言　語
語彙力　知　識

3rd　常　識
知　識　考える力　公　衆

例年、幅広い分野から出題されるので、しっかりとしたペーパーテストの準備が必要になります。幅広さだけでなく難しさもあるので、質・量ともに高いレベルでの学習が求められます。

分野	書　名	価格(税込)	注文	分野	書　名	価格(税込)	注文
図形	Ｊｒ・ウォッチャー２「座標」	1,650円	冊	数量	Ｊｒ・ウォッチャー38「たし算・ひき算１」	1,650円	冊
図形	Ｊｒ・ウォッチャー７「迷路」	1,650円	冊	数量	Ｊｒ・ウォッチャー39「たし算・ひき算２」	1,650円	冊
図形	Ｊｒ・ウォッチャー10「四方からの観察」	1,650円	冊	図形	Ｊｒ・ウォッチャー46「回転図形」	1,650円	冊
数量	Ｊｒ・ウォッチャー14「数える」	1,650円	冊	図形	Ｊｒ・ウォッチャー48「鏡図形」	1,650円	冊
数量	Ｊｒ・ウォッチャー16「積み木」	1,650円	冊	図形	Ｊｒ・ウォッチャー53「四方からの観察 積み木編」	1,650円	冊
言語	Ｊｒ・ウォッチャー17「言葉の音遊び」	1,650円	冊	図形	Ｊｒ・ウォッチャー54「図形の構成」	1,650円	冊
言語	Ｊｒ・ウォッチャー18「いろいろな言葉」	1,650円	冊	常識	Ｊｒ・ウォッチャー55「理科②」	1,650円	冊
巧緻性	Ｊｒ・ウォッチャー23「切る・貼る・塗る」	1,650円	冊	常識	Ｊｒ・ウォッチャー56「マナーとルール」	1,650円	冊
巧緻性	Ｊｒ・ウォッチャー24「絵画」	1,650円	冊	言語	Ｊｒ・ウォッチャー60「言葉の音（おん）」	1,650円	冊
知識	Ｊｒ・ウォッチャー27「理科」	1,650円	冊		実践 ゆびさきトレーニング①②③	2,750円	各　冊
観察	Ｊｒ・ウォッチャー28「運動」	1,650円	冊		面接テスト問題集	2,200円	冊
観察	Ｊｒ・ウォッチャー29「行動観察」	1,650円	冊		１話５分の読み聞かせお話集①②	1,980円	各　冊
推理	Ｊｒ・ウォッチャー32「ブラックボックス」	1,650円	冊		お話の記憶 初級編	2,820円	
常識	Ｊｒ・ウォッチャー34「季節」	1,650円	冊		お話の記憶 中級編・上級編	2,200円	各　冊

合計	冊	円

（フリガナ） 氏　名	電　話 ＦＡＸ E-mail
住所　〒　　　－	以前にご注文されたことはございますか。 有　・　無

★お近くの書店、または記載の電話・FAX・ホームページにてご注文をお受けしております。
電話：03-5261-8951　FAX：03-5261-8953　代金は書籍合計金額＋送料がかかります。
※なお、落丁・乱丁以外の理由による商品の返品・交換には応じかねます。

★ご記入頂いた個人に関する情報は、当社にて厳重に管理致します。なお、ご購入の商品発送の他に、当社発行の書籍案内、書籍に関する調査に使用させて頂く場合がございますので、予めご了承ください。

日本学習図書株式会社
http://www.nichigaku.jp

◎学習効果を上げるため、前掲の「家庭学習ガイド」及び「合格のためのアドバイス」をお読みになり、各校が実施する入試の出題傾向を、よく把握した上で問題に取り組んでください。
※冒頭の「本書ご使用方法」「ご使用にあたっての注意点」も併せてご覧ください。
※本校の考査では解答用紙が色紙になっており、紙の色でページの指定をします。訂正は//（斜め２重線）で行います。

2020年度以前の過去問題

問題20　分野：推理（思考）

〈準 備〉　クーピーペン

〈問 題〉　左の絵を見てください。管（クダ）に水を流します。管（クダ）が分かれると、水も半分に分かれて流れます。
右の絵を見てください。管（クダ）に水を流します。１番多く水をもらった動物に○、２番目に多くもらった動物に×を書きましょう。

〈時 間〉　30秒

〈解 答〉　○：ネコ　　×：クマ

[2020年度出題（男子）]

学習のポイント

推理の問題です。管が分かれるごとに、水の量が半分になります。上のコップからそれぞれの動物のコップまでの間に、何回分かれているかを数えて考えます。クマまでは管が２回、イヌとサルまでは管が３回分かれています。ネコのコップには、２回分かれた水量２つ分が入ります。ネコのコップには、クマのコップと同じ水量と、イヌとサルのコップの水量を足した水量が入りますから、１番多く水をもらえることになります。続いてクマが２番目に多い水を、その次にイヌとサルが、同量の水をもらいます。この問題のポイントは、管が分かれた回数によって水の量が半分になることと、ネコのコップだけが、２つの管に分かれていた水が混ざって入る、ということの２点です。自然現象や日常生活をきっかけに、水が分かれたり混ざったりするのを目にして考えられると、お子さまも実感として理解できます。飲みものを複数人で分けるような場合に教えることもできるでしょう。

【おすすめ問題集】
Ｊｒ・ウォッチャー31「推理思考」、40「数を分ける」

問題21　分野：言語

〈準備〉　クーピーペン

〈問題〉　①左のお部屋を見てください。名前が同じ音（オト）で始まるもの同士を、線で結びましょう。問題は、声を出さずに、すべて解きましょう。
②右のお部屋を見てください。名前が同じ音（オト）で終わるもの同士を、線で結びましょう。問題は、声を出さずに、すべて解きましょう。

〈時間〉　各30秒

〈解答〉　左：門松と鏡餅、機関車とキク、ラッコとライオン、マスクとマッチ
右：ほうきとタヌキ、本とヤカン、けん玉とコマ、ちりとりとアリ

［2020年度出題（男子）］

学習のポイント

同じ音から始まる物をつなぐ頭音つなぎと、同じ音で終わる物をつなぐ尾音つなぎの問題です。言語の問題には、ふだんからの言葉遊びが有効です。同じ音から始まる言葉を探す「頭音集め」や、同じ音で終わる言葉を探す「尾音集め」をしてみましょう。手をたたきながら言葉の音数を数える「音数遊び」やしりとりも対策になります。本文に出てくる鏡餅や門松などの年中行事に関わる言葉や、けん玉やコマなどの昔の生活や遊びに根ざした言葉、機関車のような保護者世代も実体験を伴わない対象が、文化として出題されるのも小学校受験の特徴です。さまざまな機会を利用して、お子さまの語彙を増やしましょう。

【おすすめ問題集】
Ｊｒ・ウォッチャー17「言葉の音遊び」、18「いろいろな言葉」、60「言葉の音（おん）」

問題22　分野：図形（重ね図形・対称）

〈準備〉　クーピーペン

〈問題〉　左の絵を見てください。透き通った紙に、線や形が書いてあります。この紙を真ん中の点線のところで、上から下へ半分に折ると、右のようになります。
お部屋を見てください。左の紙を折ると、どのようになりますか。右から選んで、正しいものに○を書きましょう。問題は３つあります。３つともやりましょう。

〈時間〉　各30秒

〈解答〉　下図参照

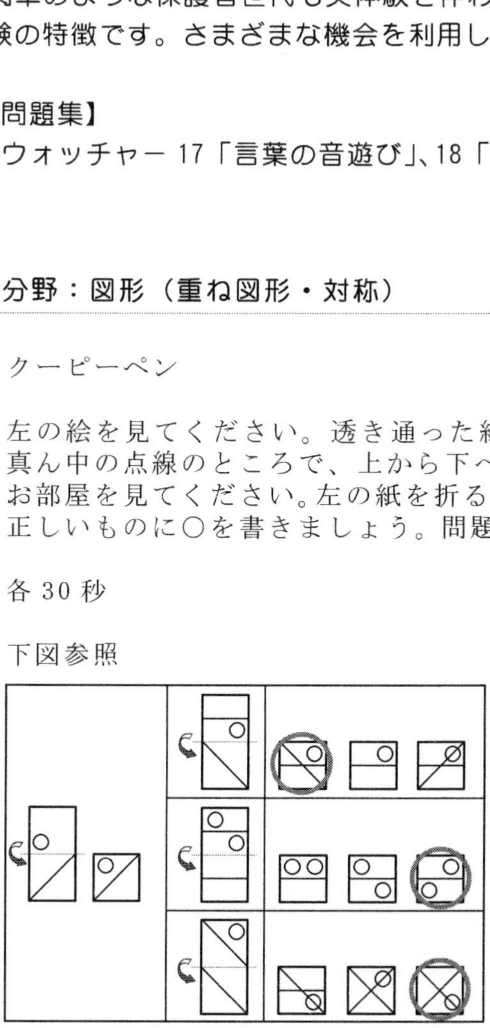

［2020年度出題（女子）］

学習のポイント

対称を複合した問題です。単純な、正位置で重なる図形と異なり、片方（この問題では上の図形）が反転して重なるのが特徴です。学習方法として、透明なシート（クリアファイルなどがおすすめです）に左の図形を書き写し、実際に折ってみて、位置や形がどのように変化するのかを確かめることが最も効果的です。最初は、混乱しないよう、対称の軸より上の部分は赤のペンで、下の部分は黒のペンで書き写すなどの工夫をすると、移動した部分とそうでない部分とが混同しません。その後、理解に応じて、上下とも黒いペンで記入する、シートは使わず、折りたたむ図形を書き込んで考える、などの段階を踏んで学習を進めましょう。本問では反転しても形が変わらない形（円）が出題されていますが、上下や左右が非対称な形が出題されることもあります。こうした問題の対策にも、透明シートを用いた学習方法により、対称の軸を基準とした形をイメージできるようになります。

【おすすめ問題集】

Ｊｒ・ウォッチャー８「対称」、35「重ね図形」、48「鏡図形」

問題23　分野：推理（思考）

〈準 備〉　クーピーペン

〈問 題〉　絵を見てください。同じ本を重ねて、ひもで結びました。結び目の長さは全部同じです。使ったひもが１番長い物に○、１番短い物に×を書きましょう。

〈時 間〉　15秒

〈解 答〉　下図参照

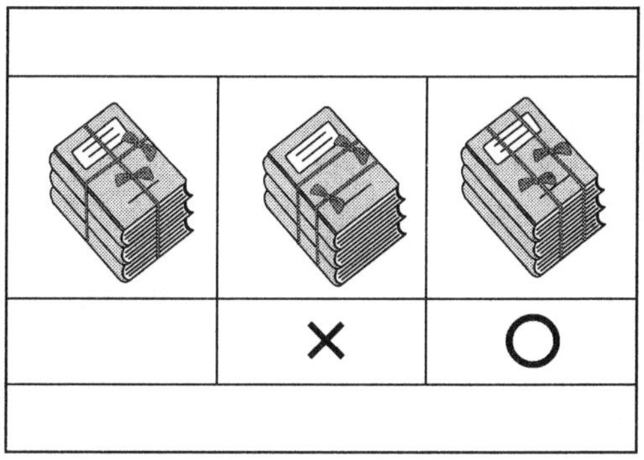

［2020年度出題（女子）］

学習のポイント

ひもの長さを考える問題です。ひもの数はすべて２本なので、本の縦に１周したひもの長さが、横に１周したひもの長さよりも長いことさえわかれば、容易に答えられる問題です。左側は縦横１本ずつ、真ん中は横が２本、右側が縦２本なので、長さの順は右→左→真ん中となります。類題として、円筒や四角柱に巻きつけたひもの長さを答える問題などもあります。いずれも、実際に立体にひもを巻いてみるなど、具体物を用いて納得させると、しっかり理解できるようになります。

【おすすめ問題集】

Ｊｒ・ウォッチャー 15「比較」、31「推理思考」

問題24　分野：理科

〈準備〉　クーピーペン

〈問題〉　①左の絵を見てください。水の入ったコップの上に、氷が吊り下げられています。この氷が溶けると、コップの水の高さはどうなるでしょう。右の絵から選んで○をつけてください。
②左の絵を見てください。水の入ったコップを置いておいたら、コップの表面に水のつぶが付きました。このとき、コップの水の高さはどうなるでしょう。右の絵から選んで○をつけてください。

〈時間〉　30秒

〈解答〉　下図参照

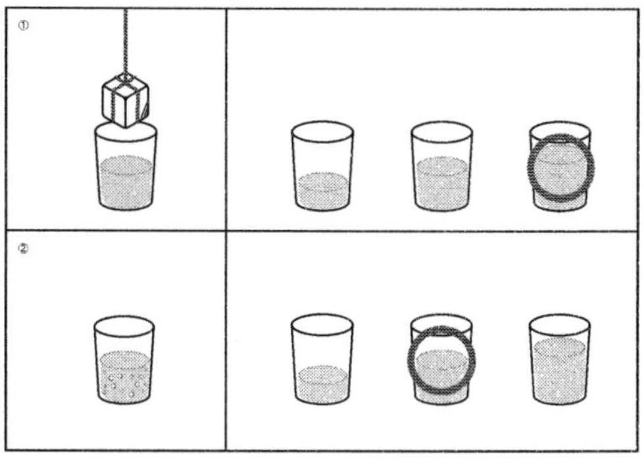

［2020年度出題（男女共通）］

学習のポイント

水の状態変化の問題です。氷が溶けると水になる、ということは、お子さまも知っていると思います。本問では、氷はコップの水に浮かんでいるのではなく、上から吊り下げられているので、氷が溶けた分の水はコップに注ぎ込まれ、コップの水位は上昇します。それとは別に、コップの水の中に氷が浮かんでいる場合、氷が溶けても水位は変わらない、ということも教えてあげてください。またコップ表面の結露の問題については、空気中の水分が冷やされて水滴になったものなので、コップの水量には関係がありません。当校では過去に化学分野の出題例はなく、2020年にはじめて出題されました。当校では昨年から、入試問題の２割～３割を、従来出題されなかったものに変えていく方針を示しています。今年度も同様の方針で出題されますので、過去問だけの学習では不充分だといえるでしょう。幅広いペーパー対策をしておくことと同時に、日常生活でのお子さまの疑問に対し、共に考え解決するという家庭教育のあり方を心掛けてください。

【おすすめ問題集】

　Ｊｒ・ウォッチャー27「理科」、55「理科②」

問題25　分野：制作（絵画）・巧緻性

〈準備〉　クーピーペン（７色）、ひも（30cm程度）、画用紙
あらかじめ、問題６－１と６－２の絵を画用紙の表と裏にそれぞれ貼り付け、上下の丸印の部分に穴を開けておく。

〈問題〉　**この問題の絵は縦に使用してください。**
（あらかじめ準備した道具を渡す）
①（25－１の絵を渡して）プレゼントが描かれた絵を書いてください。箱は水色で薄く、リボンはピンクで濃く塗ってください。
②（25－２の絵を渡して）プレゼントをもらったお友だちの顔を描いてください。描き終わったら、まわりにプレゼントの絵も描いてください。私が「やめ」と言うまで、いくつ描いてもよいです。
③プレゼントの絵が見えるように、真ん中で２つ折りにしてください。その後、穴にひもを通して、ちょうちょ結びをしてください。

〈時間〉　①３分　②10分　③３分

〈解答〉　省略

［2020年度出題（男女共通）］

学習のポイント

当校で例年出題されている、色を塗る、絵を描く、ひもを通す、結ぶという巧緻性の問題です。当校で特徴的なのは、色を塗る際に、濃淡を付ける指示があることです。クーピーペンで薄く塗るためには、筆圧を加減して、均一に塗らなければなりません。クーピーペンを紙に押し付けず、同じ方向に細かく手を動かして色を塗る、運筆の練習をしてみてください。クーピーペンをやや寝かせ気味にして、指先以外に力を入れずに塗るのがコツです。塗る場所を細かい部分に分けて塗ると、均一に塗ることができます。要領を掴むため、不要な紙を利用して、楽しみながら取り組んでください。濃く塗る時には、力加減だけで変化を付けるより、色ムラが出ないよう、何度か塗り重ねて仕上げるとよいでしょう。お友だちの顔やプレゼントを描く課題については、巧拙やスピードではなく、与えられた課題について、適切に描くことができるか、ということが問われているようです。ちょうちょ結びは、毎年出題されています。確実にできるよう、練習しておきましょう。慣れるまでは、色の違う２本のひもを使ったり、大きな結び目の練習をしたりして、保護者の方もお子さまも、根気よく取り組んでください。練習の際、保護者の方はお子さまの正面でなく、隣に座って教えると、同じ方向から結び目が見られます。

【おすすめ問題集】
実践 ゆびさきトレーニング①②③
Ｊｒ・ウォッチャー23「切る・貼る・塗る」、24「絵画」、25「生活巧緻性」

問題26　分野：運動

〈準備〉　ビニールテープ、雑巾、フープ、お手玉、カゴ

〈問題〉　この問題は絵を参考にしてください。

（この問題は10人程度のグループを作り、２グループが対戦する形式で行う）

①これからドンジャンケンをします。スタートしたら、雑巾がけをしながら次のテープまで進んでください。

②書かれた線のからはみ出ないように歩いてください。

③フープに合わせてケンケンパーで進んでください。

④お手玉の入ったカゴのところまで来たら、反対側のチームのお友だちとジャンケンをしてください。ジャンケンに勝った人は、カゴの中からお手玉を１つ取って、スタート地点に歩いて戻り、カゴの中にお手玉を入れてください。負けた人は何も持たずに歩いて戻ってください。アイコの時は、２人とも何も持たずに戻ってください。

⑤次のお友だちとタッチして交代してください。

⑥私（出題者）が「やめ」と言ったら、体育座り（三角座り）をしてください。進んでいる途中の人は、自分のチームの列に戻って体育座りをしてください。

〈時間〉　15分

〈解答〉　省略

［2020年度出題（男子）（女子）］

学習のポイント

屈伸・ジャンプなどの模倣体操の後に行われたサーキット運動と、ジャンケンの競技「ドンジャンケン」です。サーキット運動は、急ぎすぎず、１つひとつの動作をしっかり確実に行うことが重要です。サーキット運動の内容は、2020年度と2019年度は、クマ歩き（雑巾がけ）、ライン歩き、ケンケンパーの３つでした。行なう内容に若干の違いはありますが、観られているポイントは体幹の強さやバランス、下半身の力で、いずれも年齢相応の運動能力があれば心配ありません。また「ドンジャンケン」はグループでの競技形式で行われますが、勝敗にこだわりすぎて、姿勢や態度が疎かにならないよう、注意が必要です。また、同じグループのお友だちがジャンケンをしている間に、しっかり応援できているかどうかも重要な観点です。当校の運動テストでは、各課題の出来・不出来よりも、取り組む態度や、指示通りに行動できているかということの方が重視されているようです。

【おすすめ問題集】

新運動テスト問題集、Ｊｒ・ウォッチャー28「運動」

問題27　分野：面接（親子面接）

〈準　備〉　なし

〈問　題〉　この問題の絵はありません。

【父親または男性保護者へ】
・当校を、どのようにして知りましたか。
・学校説明会や入試説明会、運動会に何回来ましたか（母親にも同様の質問）。
・そこで、どのような印象を持ちましたか。
・中学受験の経験はありますか。
・中学校受験について、どのようにお考えですか。
・その他、中学校受験に力を入れている私立小学校をご存知ですか。
・併願校はどこですか。
・第１志望はどの学校ですか。
・ふだんお子さまとどのように接していますか（母親にも同様の質問）。
・お子さまのよいところはどんなところですか（母親にも同様の質問）。

【母親または女性保護者へ】
・お仕事はしていますか。
・子育てのサポートをしてくれる人や相談相手はいますか。
・幼児教室や塾には行っていますか。

【志願者へ】
・お名前を教えてください。
・生年月日を教えてください。
・この学校の名前を知っていますか。→前にもこの学校に来たことがありますか。→この学校を、どんな学校だと思いますか。
・今日、学校へはどうやって来ましたか。
・お父さんとは、何をして遊びますか。→その遊びの、どういうところが好きですか。

〈時　間〉　約15分

〈解　答〉　省略

［2020年度出題（男子）（女子）］

学習のポイント

学校説明会や入試説明会、運動会への来校回数や、来校した際に抱いた印象について、男女の保護者と志願者に、それぞれ質問があります。これは、入学の意思を強く持っているかどうかについて、学校側が知りたがっているためと思われます。また、当校の特色である中学校受験について理解し、受験する意図があるのかどうかについても必ず聞かれます。面接官は２名で、先に保護者への質問があり、次に志願者の質問です。父親または男性保護者には、当校への理解があるかどうか、また中学受験までを見越して志望しているかどうかを中心に、また母親または女性保護者には、入学後にお子さまの学習や生活のサポートができるかどうか、ということを中心に質問がされます。お子さまには、後半約７～８分ほどが割かれます。質問の上に、質問が重ねられることもありますので、具体的に回答できる練習が必要です。質問数は多いものの、保護者の方に問われているのは「どれだけ本気で入学させたいか」「中学受験までサポートできるか」という２点です。どの学校の受験でも同じですが、家庭としての方針を具体的に伝えられる準備をしておきましょう。

【おすすめ問題集】
　新 小学校受験の入試面接Ｑ＆Ａ、面接テスト問題集、面接最強マニュアル

問題28　分野：お話の記憶

〈準備〉　鉛筆

〈問題〉　お話をよく聞いて、あとの質問に答えてください。

クマくん、トラくん、ヒツジくんは、広場でかけっこをしています。疲れてきたので一休みしている時に、「今度の日曜日何しようか」とトラくんがみんなに言いました。クマくんは「先週はトラくんの家に遊びに行ったから今度はどこにしよう」と言うと、ヒツジくんが「クマくんのお家がいい」と言いました。クマくんのお家に行くと、いつもクマくんのお母さんがハチミツたっぷりのホットケーキを焼いてくれるので、みんな楽しみにしています。クマくんのお家に遊びに行くことが決まったら、今度は遊びの相談です。トラくんはケン玉、ヒツジくんはトランプを持っていくことにしました。クマくんは、「お家には積み木や絵本もあるからいっぱい遊べるね」とうれしそうです。
お家の中で遊ぶものばかりを選んだ３人でしたが、本当に一番好きな遊びはなわとびです。ただ、日曜日の天気予報が雨だったので、相談してお家で遊ぶことにしたのでした。「やっぱりなわとびで遊びたかったな」とクマくんが言うと、「じゃあその次の日曜日になわとびしようよ」とトラくんが提案すると、みんなは大賛成です。
お話に夢中になっている間に、すっかり夕方になっていましました。もう少し遊びたかった３人でしたが、暗くなってきたのでみんなで一緒に帰ることにしました。

①クマくんのお母さんが作ってくれるおやつに○をつけてください。
②３人が１番好きな遊びに○をつけてください。
③トラくんが持っていくことにしたものに○をつけてください。

〈時間〉　各15秒

〈解答〉　①右端（ホットケーキ）　②右から２番目（なわとび）　③左端（ケン玉）

［2019年度出題（女子）］

学習のポイント

2018年度は地図を使ったお話の記憶、2019年度は一般的なお話の記憶が出題されました。2017年度は、2020年度と同様に、お話の記憶が出題されませんでした。出題されるかどうかも含め、傾向は定められませんが、慌てないよう準備しましょう。当校のお話の記憶は、細かい部分や複雑な因果関係は問われないため、しっかりとお話を聞いていれば解答できる問題なので、はじめて取り組むというお子さまでも充分に対応可能です。確実に解けるようにしておいてください。お話が読まれるのは一度だけなので、読み聞かせなどを通じて、しっかりお話を聞く練習をしてください。最初は場面ごとにお話を区切ったり、問題を１つだけにしたりといった工夫をしながら、学習を進めましょう。

【おすすめ問題集】
1話5分の読み聞かせお話集①②、お話の記憶 初級編・中級編・上級編

問題29　分野：お話の記憶

〈準備〉　鉛筆

〈問題〉　お話をよく聞いて、あとの質問に答えてください。

明日はみんなが楽しみにしている遠足の日です。サルくん、ウサギさん、ブタくんは、遠足に持っていく果物を買いに商店街にやってきました。すぐに果物屋さんがありました。その先には八百屋さん、お魚屋さん、お肉屋さんが続いています。
「何を買うか迷っちゃうな」とサルくんが言うと、「私はもう決まってるの」とウサギさんはリンゴを２つ手に取りました。「僕ももう決まってるんだ」とブタくんはブドウを２つ買うことに決めました。サルくんは何を買おうかずっと悩んでいます。「決めた」と言うとサルくんは、リンゴとバナナとミカンを１つずつ買うことにしました。
サルくんが何を買うか悩んでいる間に、ほかの２人はどこかに行ってしまいました。どこに行ったのだろうとサルくんが探していると、ウサギさんは八百屋さんの前に、ブタくんはお魚屋さんの前にいました。２人ともサルくんを待っていられなくなって、ほかのお店を見ていました。
お会計をして、仲良くお家に帰る途中、サルくんは買ったばかりのリンゴを食べ始めてしまいました。「それは遠足の時に食べるものでしょ」とウサギさんが言うと、サルくんは「だってお腹が空いちゃったんだもん」と恥ずかしそうに言い訳をしたのでした。

①サルくんが買ったものに○をつけてください。
②サルくんが探しに行った時、ブタくんがいた場所に○をつけてください。
③３人が買った果物は全部でいくつでしょうか。買った果物の数だけ四角の中に○を書いてください。

〈時間〉　各15秒

〈解答〉　下図参照

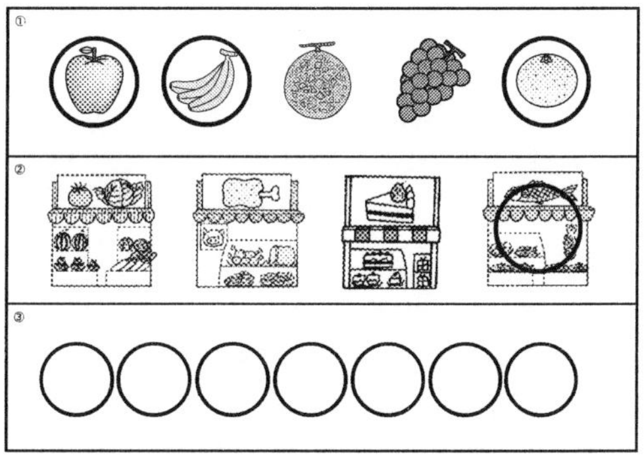

［2019年度出題（男子）］

学習のポイント

お子さまが、お話の記憶が苦手で悩んでいる保護者の方もいらっしゃると思います。まず、お子さまが集中してお話を聞いているかどうか、お子さまの様子や反応を見てください。あきている様子が見られたら、お話を途中で区切っても構いません。その時点までの問題を出してみてください。お話を聞いている時間はほんの数分でも、お子さまにとっては長く感じる時間かもしれません。集中力がどのくらい続くのかを見極めた上で、苦手になっている原因を考えてみましょう。まずは「記憶する」ではなく「聞く」ことから始めて、場面や登場人物をイメージできるよう促しましょう。徐々に記憶することもでき、長いお話にも耳を傾けられるようになるはずです。

【おすすめ問題集】

1話5分の読み聞かせお話集①②、お話の記憶 初級編・中級編・上級編

問題30 分野：図形（鏡図形・座標）

〈準 備〉 鉛筆

〈問 題〉 左の絵をそれぞれの位置に置いた鏡で映した時、どのように見えるでしょうか。右から選んで○をつけてください。

〈時 間〉 各20秒

〈解 答〉 ①右端 ②左から2番目 ③左端 ④左から2番目

［2019年度出題（女子）］

学習のポイント

鏡を横に置いた場合と、下に置いた場合との違いを、まず理解しておきましょう。鏡は物を反転して映すので、置く位置によって見え方が異なります。映す物の横に置いた場合は左右が、映すものの下（上）に置いた場合は上下が反転します。鏡の位置を軸に、映す物と鏡像は線対称になるということです。上下の反転は鏡ではなく、水面に映ったものとして出題されることもあります。実際に鏡を使い、さまざまな方向から物を映して、どう映るのかを見て理解するようにしてください。体験をして、発見をすることで、お子さまの理解と思考が深まるはずです。

【おすすめ問題集】

Ｊｒ・ウォッチャー２「座標」、48「鏡図形」

問題31　分野：図形（四方からの観察）

〈準 備〉　鉛筆

〈問 題〉　箱の中に積み木が入っています。ネコさん、ゾウくん、ツバメさんが矢印の方向で積み木を見ると、左の四角の中の形に見えました。積み木はどのように積まれているでしょうか。右の四角の中の絵に○をつけてください。

〈時 間〉　各30秒

〈解 答〉　①左端　②右端　③右から２番目

［2019年度出題（女子）］

学習のポイント

四方からの観察の問題ですが、2019年度入試では、上方からの観察を加えた「五方からの観察」が出題されました。上方からの観察は、あまり見慣れた視点ではないので、少し戸惑いがあるかもしれません。受験者のアンケートにも「少し難しかった」という言葉がありました。しかし、考え方は一般的な積み木と同様です。「上から」ということを必要以上に深く考えず、取り組んでください。また本問では、立体を平面に置き換えるのではなく、今回は見えている平面の視点から、どんな立体なのかを推測する問題でした。奥行きを想像で補っていきながら、立体を考えることになります。このような問題にも対応できるよう、立体の問題には、実際に積み木を用いて観察しておくことをおすすめします。

【おすすめ問題集】

Ｊｒ・ウォッチャー10「四方からの観察」、53「四方からの観察　積み木編」

問題32　分野：図形（回転）

〈準 備〉　鉛筆

〈問 題〉　左の四角の中の絵を回転させると、右の四角のどの絵になるでしょうか。選んで○をつけてください。

〈時 間〉　各20秒

〈解 答〉　①左から２番目　②右端　③右から２番目

［2019年度出題（男子）］

学習のポイント

回転の問題は、お子さまによって、得意・不得意が分かれます。頭の中で図形を操作できるかどうか、ということがカギですが、不慣れな場合には、手こずることもありえます。その場合は、視点を変えて解くためのヒントを与えてあげましょう。例えば本問の①では、線の先の記号に注目してください。○を中心に考えた時、右には△があり、□が線でつながっています。回転した時に同じ関連性を持っている記号は何かという観点から答えを導いてください。何度かこういった問題を解くうちに図形がイメージでき、頭の中で操作することができるようになってきます。

【おすすめ問題集】

Ｊｒ・ウォッチャー 46「回転図形」

問題33 分野：数量（積み木）

〈準備〉 鉛筆

〈問題〉 白と黒の積み木が積まれています。白同士、黒同士は隣に並ぶことはありません。白の積み木はいくつあるでしょうか。白の積み木の数だけ、右の四角の枠の中に○を書いてください。

〈時間〉 各30秒

〈解答〉 下図参照

① 	○○○
② 	○○○○
③ 	○○○
④ 	○○○○○○○○

［2019年度出題（女子）］

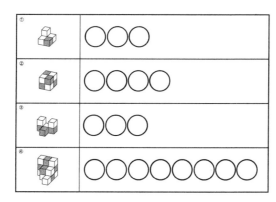

学習のポイント

同じ色同士が並ばない、白の積み木だけを数えるという条件が付けられているものの、基本的な、積み木を数える数量の問題といえるでしょう。ただし、見えない積み木を数える場合には、与えられた条件から積み木の色を推測しなければなりません。お子さまが難しいと感じている場合は、実際の積み木で見せてあげましょう。推測するのではなく、体験するのです。じゃまな積み木を動かして、推測していた色と実際の積み木の色が合っているかを確認しましょう。実際に手を動かすことで、頭の中でも作業できるようになります。そうすると、動かすことができない紙の上の積み木も、頭の中で動かせるようになります。

【おすすめ問題集】

Ｊｒ・ウォッチャー 16「積み木」、53「四方からの観察　積み木編」

問題34 分野：複合（たし算・迷路）

〈準 備〉　鉛筆

〈問 題〉　左にいるサルくんが、イチゴを拾いながら右のお家に帰りました。お家に着いた時に、サルくんはイチゴを７つ持っていました。サルくんが通った道に線を引いてください。

〈時 間〉　30秒

〈解 答〉　下図参照

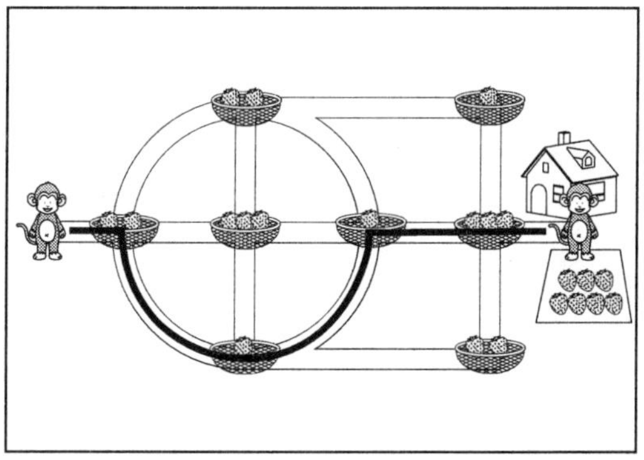

［2019年度出題（男子）］

学習のポイント

イチゴを７つ集めるために、１つ・２つ・３つのイチゴを、どの組み合わせで集めるかというたし算の問題です。学習の際には、おはじきなどを使って実際に持っている数を増やしていきましょう。最初に７つのおはじきを持って、右から減らしながら解いていく方が、楽しめるかもしれません。保護者の方が、お子さまの解きやすい方法を見つけてあげてください。また、絶対に通る最初と最後のイチゴをたすと５つなので、残りは２つになります。こうしたひらめきが、お子さまのやる気につながることもあります。

【おすすめ問題集】

Ｊｒ・ウォッチャー７「迷路」、38「たし算・ひき算1」、39「たし算・ひき算2」

問題35　分野：推理（ブラックボックス）

〈準備〉　鉛筆

〈問題〉　この問題の絵は縦に使用してください。
１番上の段を見てください。記号が箱を通ると、それぞれ絵に描かれたお約束通りに変わります。では、それぞれの段の白い四角の中にはどの記号が入るでしょうか。四角の中に記号を書いてください。

〈時間〉　１分

〈解答〉　①○　②□　③×

［2019年度出題（男子）］

学習のポイント

今回出題されたブラックボックスの問題は、記号が変化するものでした。一般的なブラックボックスは、通ったものの数が増えたり減ったりするものなので、少しひねった問題といえるかもしれません。また、「△→○」や「○→□」というように、記号によって変化のパターンが違うので、より複雑になっています。数の場合はたし算・ひき算に置き換えることができますが、記号の場合にはそれができないので、それぞれ考えながら進めていかなければなりません。慣れれば頭の中で変換していくこともできますが、慣れないうちは、箱を通過するごとに記号を書き込んでいく方がよいでしょう。そうすることで、どこで間違えたかもわかりますし、ケアレスミスもしにくくなります。１つひとつ確認しながら進めていけば、確実に解ける問題です。まずはミスのないように心が心掛け、できるようになったら、速く解けるようステップアップしてください。

【おすすめ問題集】

Ｊｒ・ウォッチャー32「ブラックボックス」

問題36 分野：言語（言葉の音）

〈準 備〉 鉛筆

〈問 題〉 上の絵と下の絵から最初と最後の音が、それぞれ同じものをそれぞれ選んで、点と点を線で結んでください。

〈時 間〉 1分

〈解 答〉 下図参照

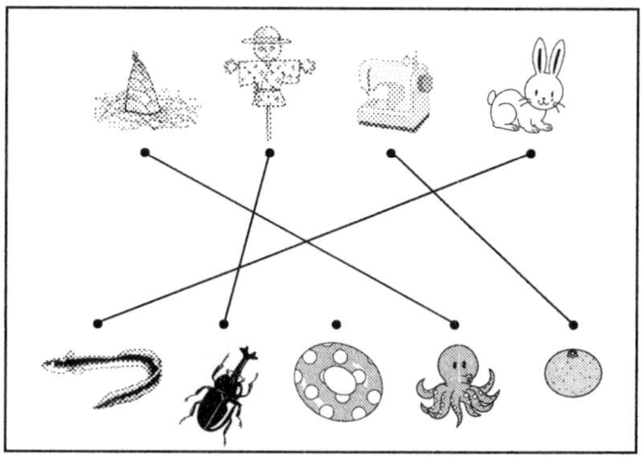

［2019年度出題（女子）］

学習のポイント

まずは、名前の最初と最後の音が、それぞれ同じものという出題が、何を問われているのかを考えてしまうかもしれません。そうした場合には、まずは、最初の音が同じものを見つけることから始めて、次に最後の音が同じものを見つけ、最後に両方に当てはまるものを見つける、という段階を踏んで進めてみましょう。ほかの出題にも当てはまることですが、複数の要素が入っている問題では1つひとつ分けて考えるようにすることで理解しやすくなります。保護者の方とお子さまでは、経験も思考のプロセスも違います。特に言葉の問題は、文字を連想できる大人にとっては簡単ですが、お子さまにはそれができません。お子さまの視点に立って、どう見えているのか、どう考えているのかを共有してください。段階を踏むということは、決して遠回りではないので、着実に進んでいきましょう。

【おすすめ問題集】

Ｊｒ・ウォッチャー 17「言葉の音遊び」、18「いろいろな言葉」、60「言葉の音（おん）」

問題37 分野：言語（言葉の音の数）

〈準備〉　鉛筆

〈問題〉　上の絵と下の絵から同じ音の数のものをそれぞれ選んで、点と点を線で結んでください。

〈時間〉　1分

〈解答〉　下図参照

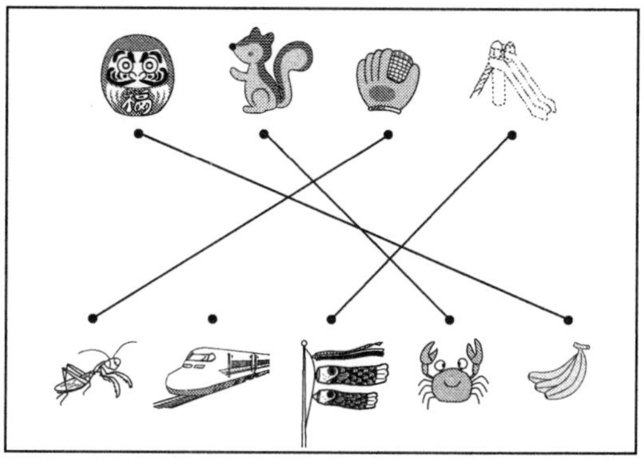

［2019年度出題（男子）］

学習のポイント

言葉の持つ音数の問題は、大人であれば、絵を見た時に文字を思い浮かべて、音の数を数えられます。お子さまの場合には、その絵が何かを考え、その言葉を音としてとらえ、音の数を数えるという段階を経なければなりません。お子さまに言葉を教える際に「ダ・ル・マ」「リ・ス」というように、手を叩きながら発音すると、音数を考えやすくなります。言葉の持つ意味は一見関係ないようですが、その絵が何なのかを理解していなければ、問題を解くことはできません。分野に特化した学習をするのではなく、意味や発音など、言葉のさまざまな要素を含めて、しっかりと覚えていってください。

【おすすめ問題集】

Ｊｒ・ウォッチャー 17「言葉の音遊び」、18「いろいろな言葉」、60「言葉の音（おん）」

問題38　分野：常識（理科）

〈準備〉　鉛筆

〈問題〉　上の生き物は、何を食べるでしょうか。下から選んで、それぞれの点を線で結んでください。

〈時間〉　30秒

〈解答〉　下図参照

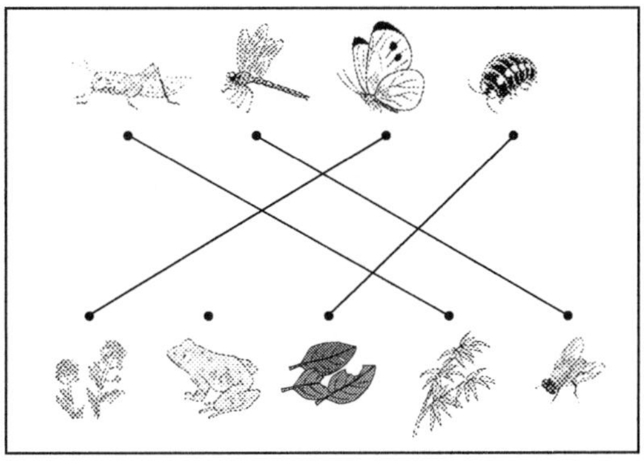

［2019年度出題（女子）］

学習のポイント

例年出題される理科の問題です。知っていなければ解けない、知識を問う出題となります。知るために学習するほかありませんが、学習の前に保護者の方が出題傾向をしっかり把握してください。当校では、今回のような「昆虫が何を食べるか」や「幼虫から成虫へどう変化するか」などの昆虫の生態に関する出題がよく見られます。ふだんの生活で自然に触れ合うことが望ましいですが、難しい場合は図鑑やインターネット等を活用して、学習に役立ててください。ただし、図鑑やインターネットはカラー写真で掲載されていますが、出題はほとんど白黒のイラストによるものです。その違いに戸惑わないようにするためには、問題集などで慣れさせるようにするとよいでしょう。

【おすすめ問題集】

Ｊｒ・ウォッチャー27「理科」、55「理科②」

問題39　分野：常識（マナー）

〈準備〉　鉛筆

〈問題〉　絵の中でいけないことをしている人を探して、○をつけてください。

〈時間〉　各１分

〈解答〉　下図参照（左／問題39－１、右／39－２）

［2019年度出題（男子）（女子）］

学習のポイント

教室と公園という場面からの出題となりました。マナーの問題は、学習の範囲ではなく、生活の一部として取り組むべきことなので、あらたまって何かをする必要はないのかもしれません。ただし、お子さまは絵のような教室に馴染みがないかもしれませんし、2018年度の出題のように、図書館という場面が出題された場合、行ったことのないお子さまには、その場のルールを判断することが難しいかもしれません。お子さまなりの経験と想像力が大切になります。経験の中では、「なぜ」という問いかけをしてあげてください。なぜ、その行為が悪いのかということを、保護者の方が説明するのではなく、お子さまに説明させてください。「～だから悪い」という理由付けを言葉で伝えられるようにすることで、教えられた知識だけではない理解が深まります。そうすると、知らない場面でどのような行為がいけないのかを想像することもでき、マナーは取り組みやすい分野になってくるでしょう。

【おすすめ問題集】

　Ｊｒ・ウォッチャー56「マナーとルール」

問題40　分野：行動観察（集団制作）

〈準　備〉　セロハンテープ、画用紙、折り紙、紙テープ、アルミホイル、モール

〈問　題〉　**この問題の絵はありません。**
（この問題は５人程度のグループで行う。グループで相談して、１人が準備されている袋を取りに行く）
袋の中に入っているものを使って、「この世にはない宝物の入った宝箱を作ってください」（男子）、「世界で一番すてきなプレゼントを作ってください」（女子）。時計の針が○○（９、10など指定の時間）のところにきたら、作るのをやめてください。

〈時　間〉　40分

〈解　答〉　省略

［2019年度出題（男子）（女子）］

学習のポイント

当校の集団制作は、抽象的なテーマが多いのが特徴です。実在するものや生き物であれば、単純な巧緻性の問題となりますが、「この世にはない～」「世界で１番すてきな～」となると、それをイメージして具体的な形にするという作業が必要になります。それだけでなく、ほかのお子さまと一緒に作らなければいけないので、イメージをみんなで共有しなければいけません。そのためには、イメージを言葉で伝えることが必要ですし、ほかのお子さまの意見を聞くということも大事なポイントです。実際に制作に取りかかるまでに、さまざまなことを観られていると考えておいてください。制作に関しては、塗る、折る、切る、貼るという基本的な巧緻性を備えていれば問題ないでしょう。

【おすすめ問題集】
　実践 ゆびさきトレーニング①②③
　Ｊｒ・ウォッチャー23「切る・貼る・塗る」、29「行動観察」

問題２０

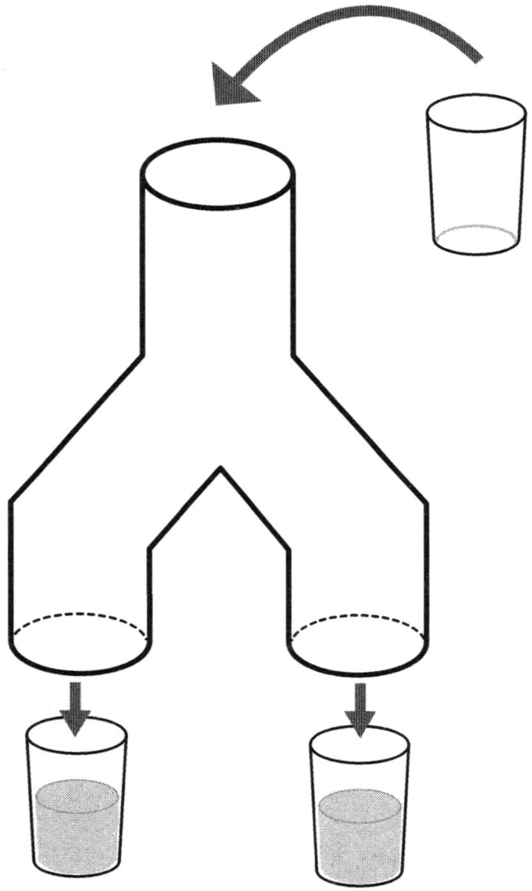

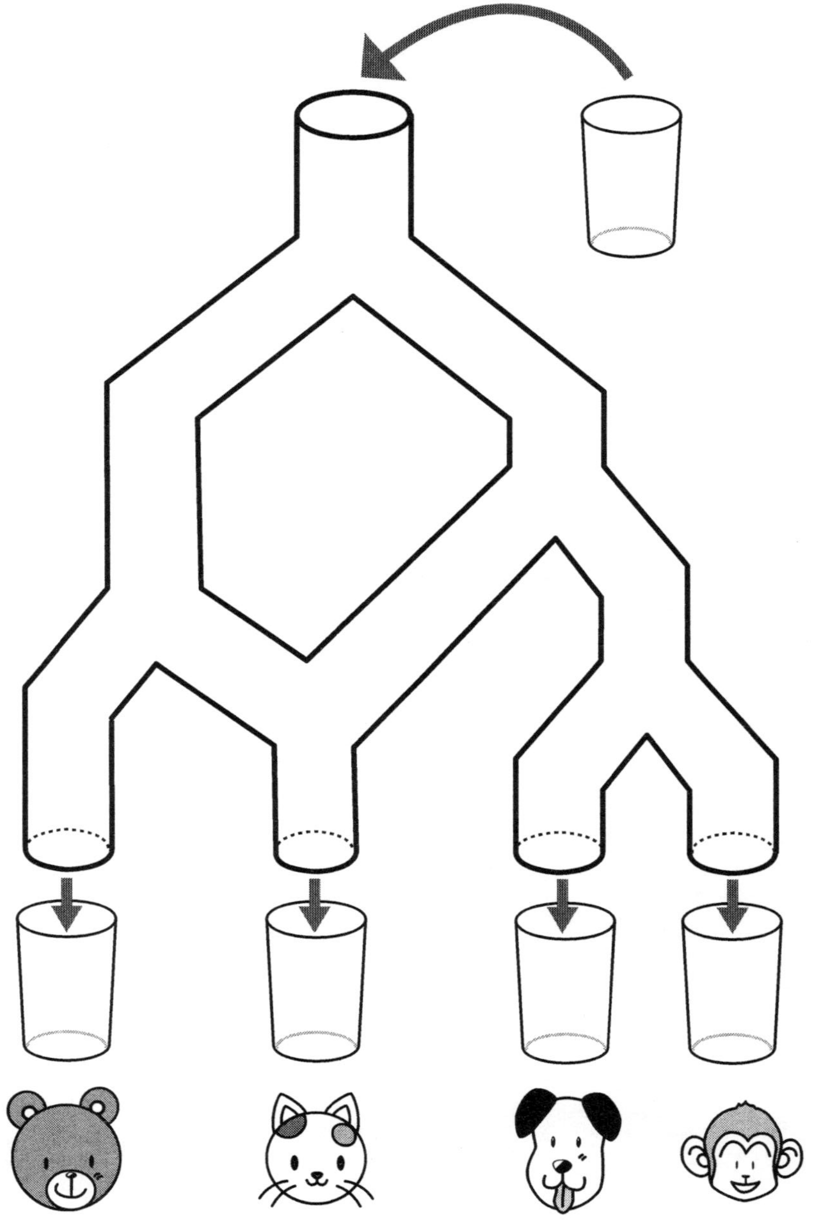

問題２１

①

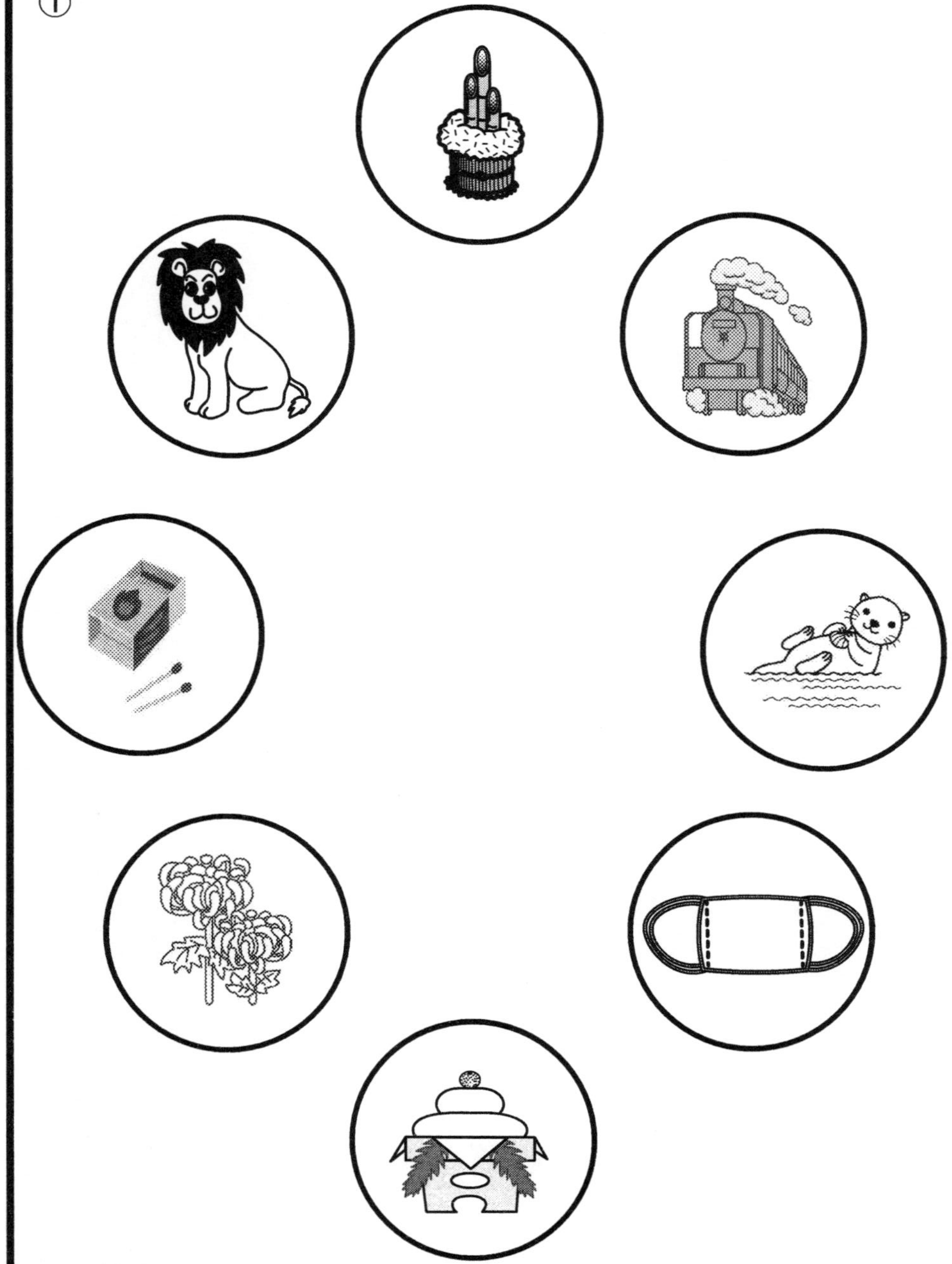

②

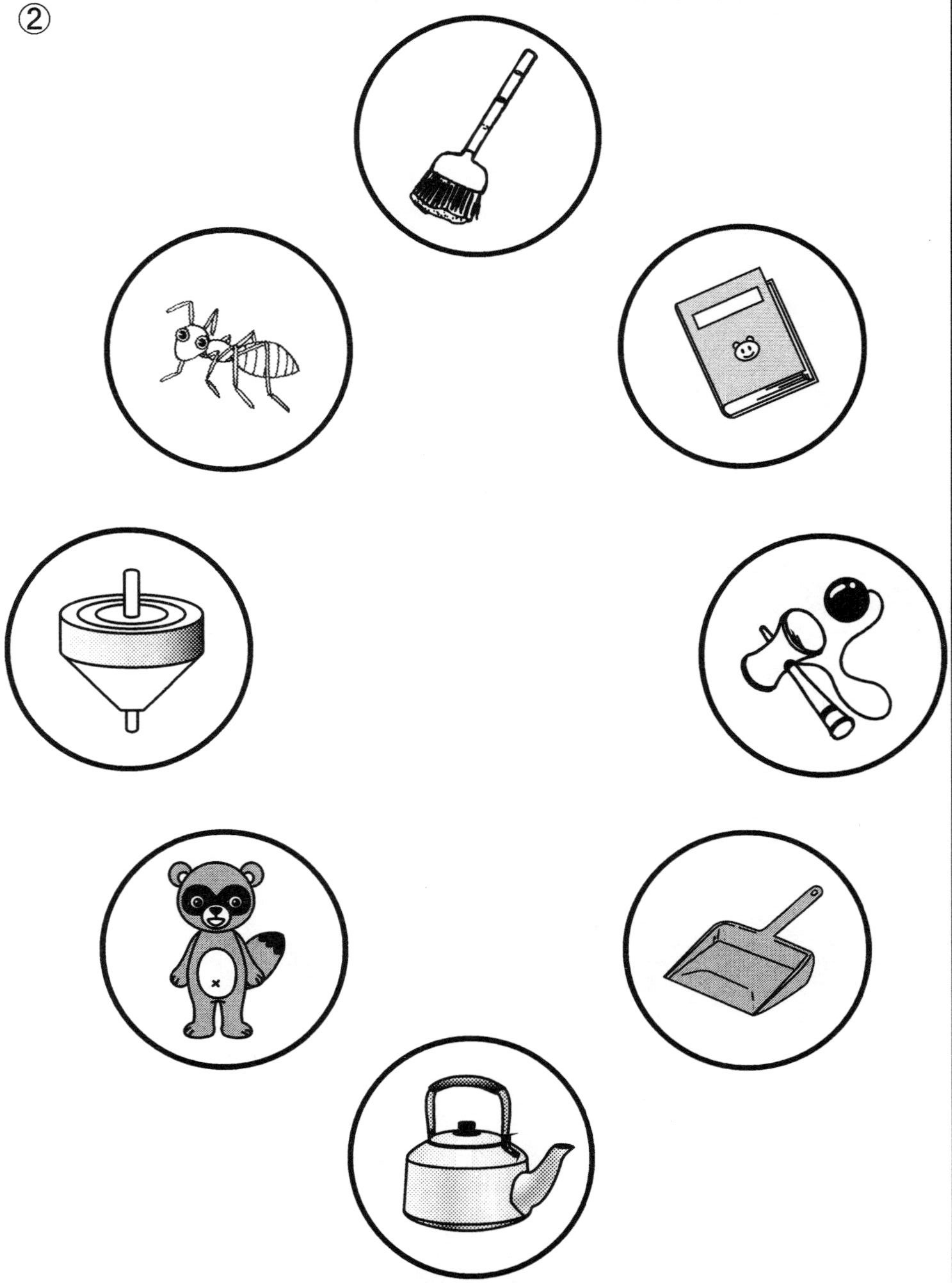

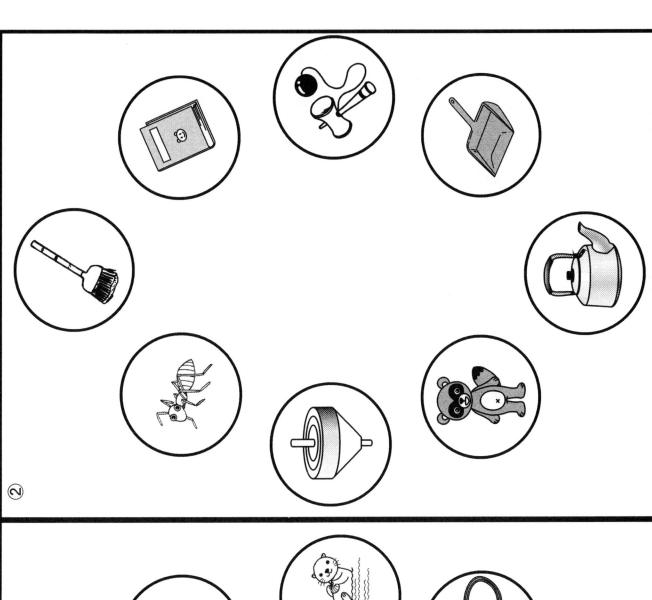

問題２２

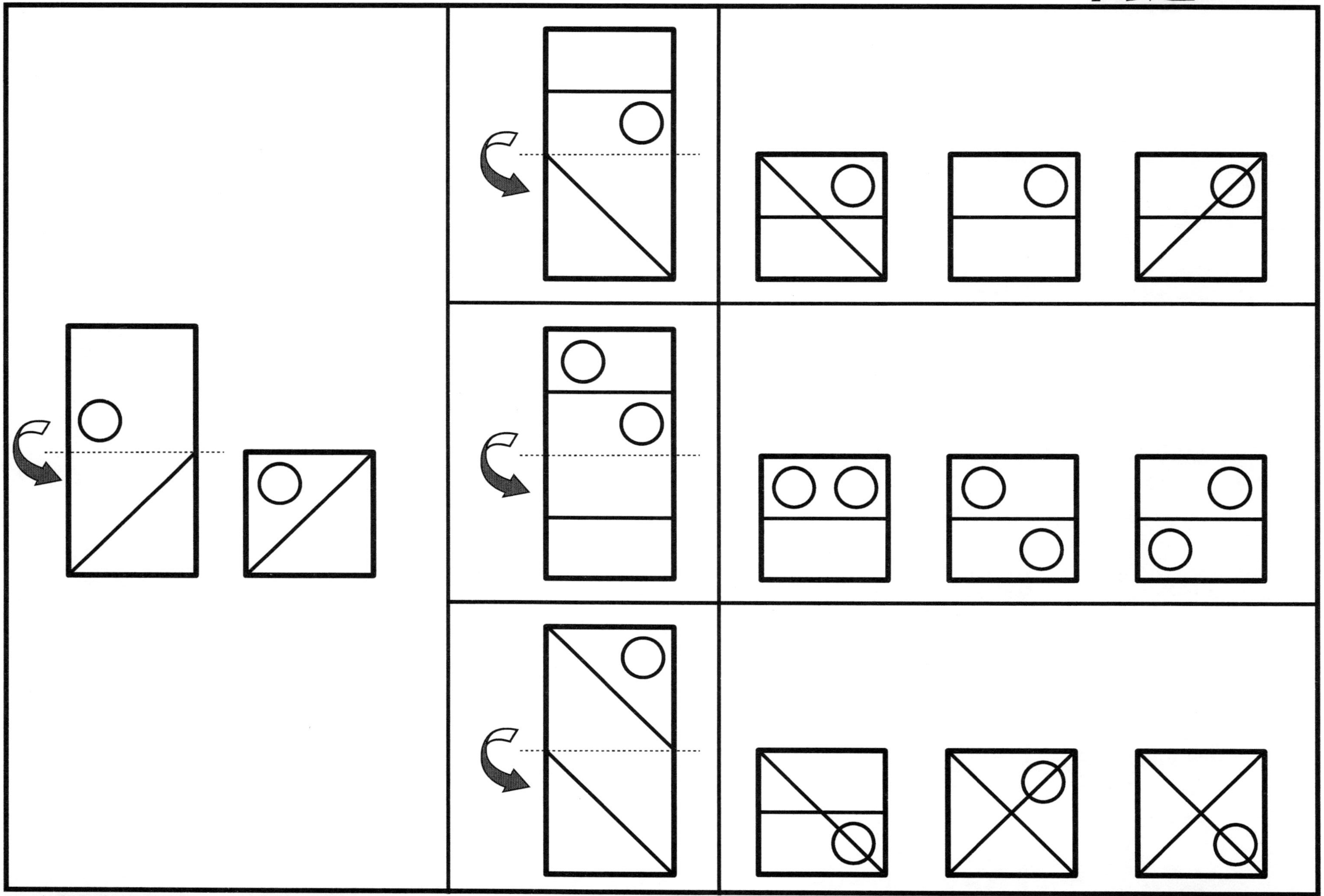

2022 年度版 洗足学園 過去 無断複製／転載を禁ずる　日本学習図書株式会社

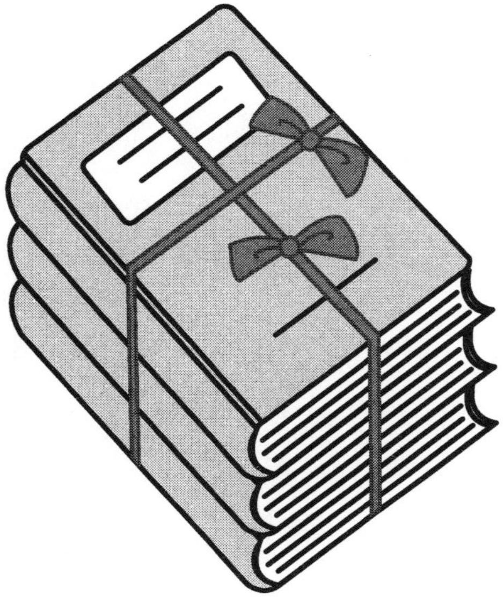

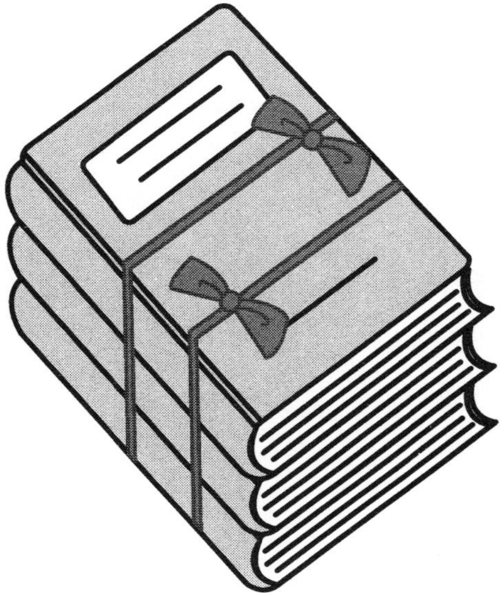

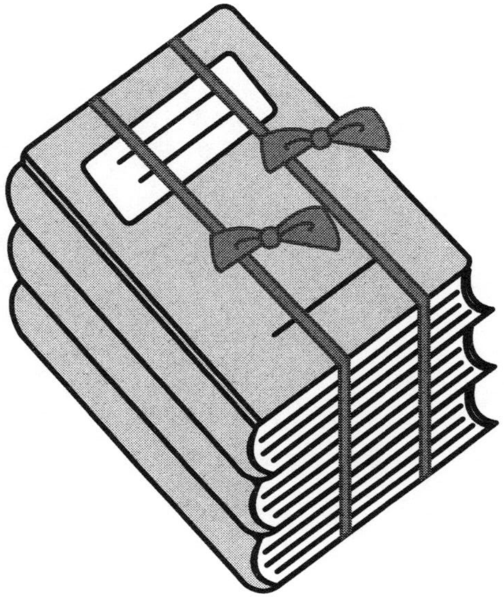

問題24

①

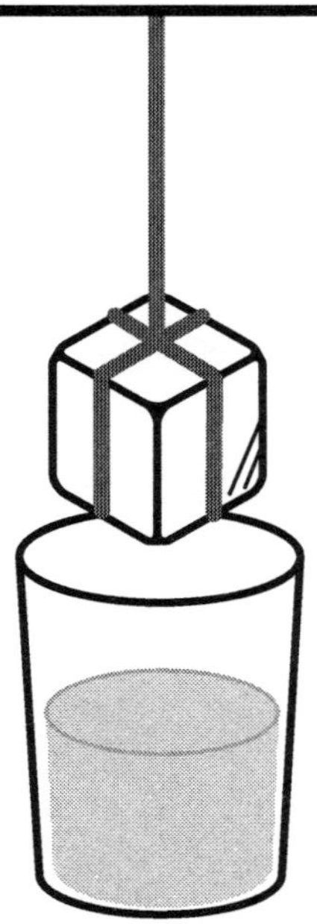

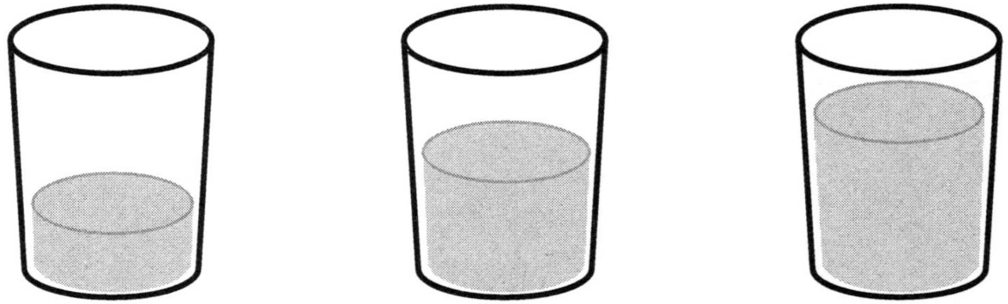

②

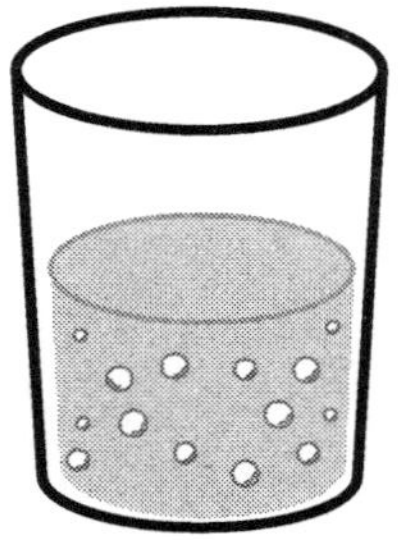

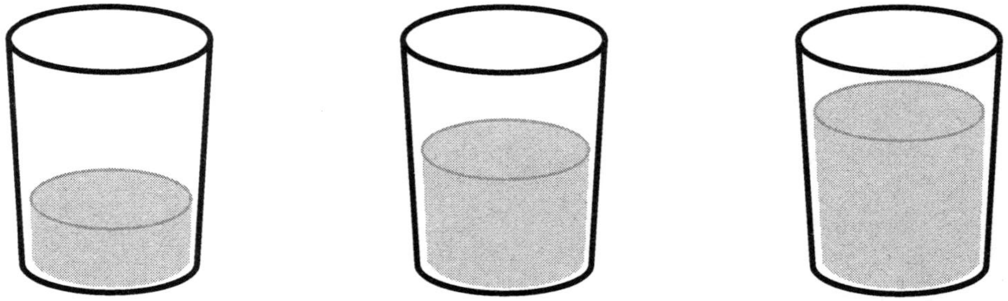

問題25－1

日本学習図書株式会社

問題２５－２

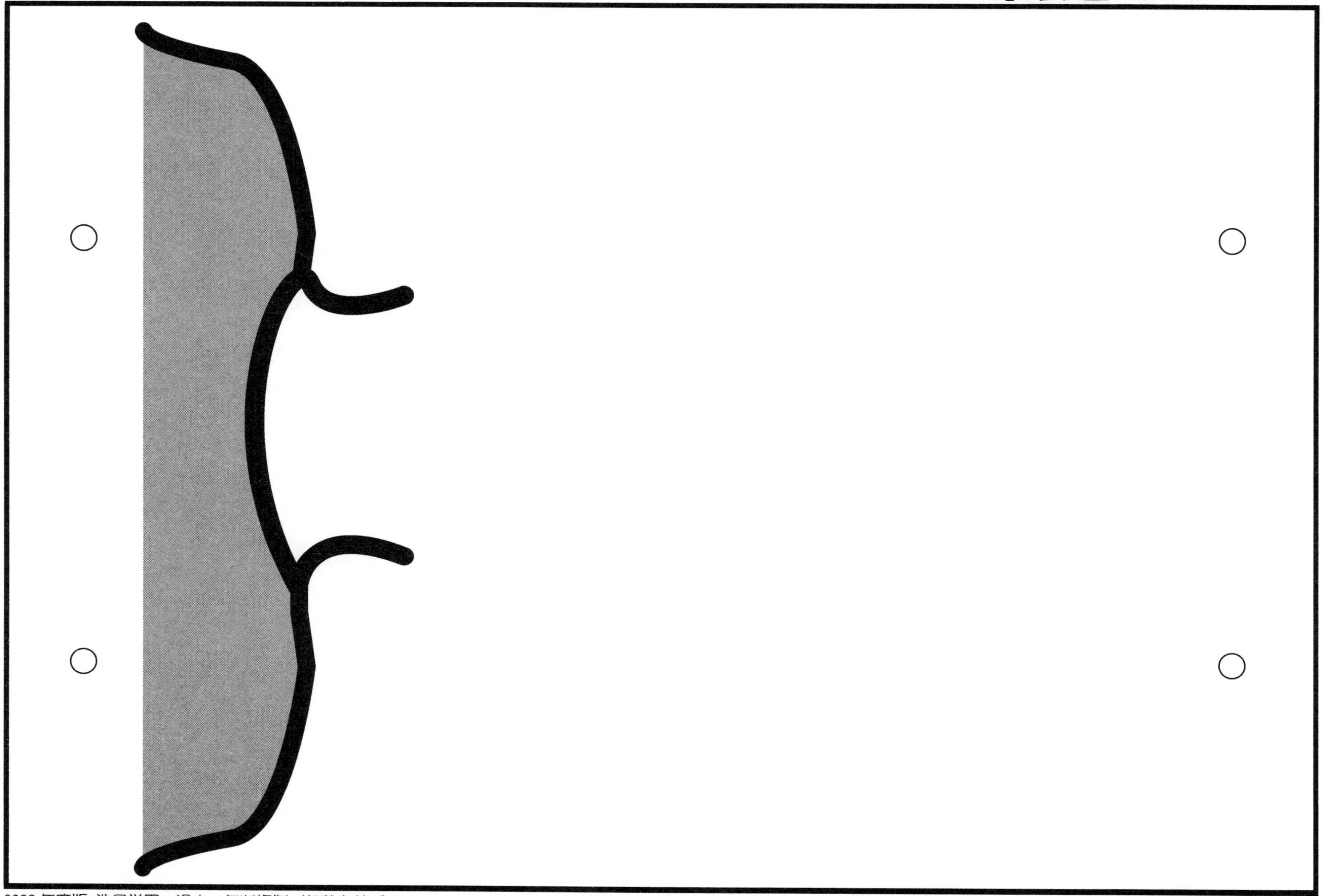

問題２６

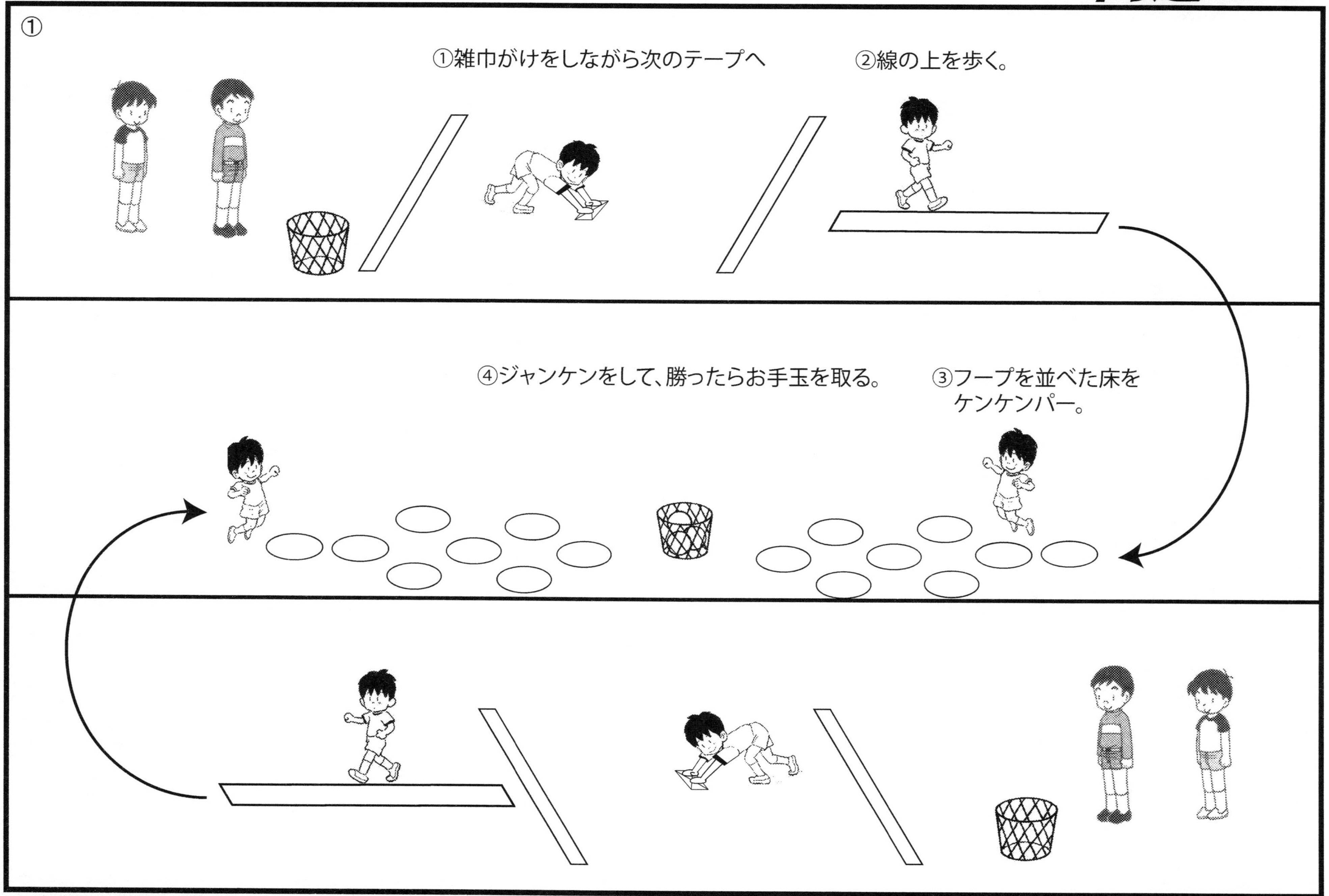
①
①雑巾がけをしながら次のテープへ
②線の上を歩く。
④ジャンケンをして、勝ったらお手玉を取る。
③フープを並べた床を
ケンケンパー。

問題２８

①

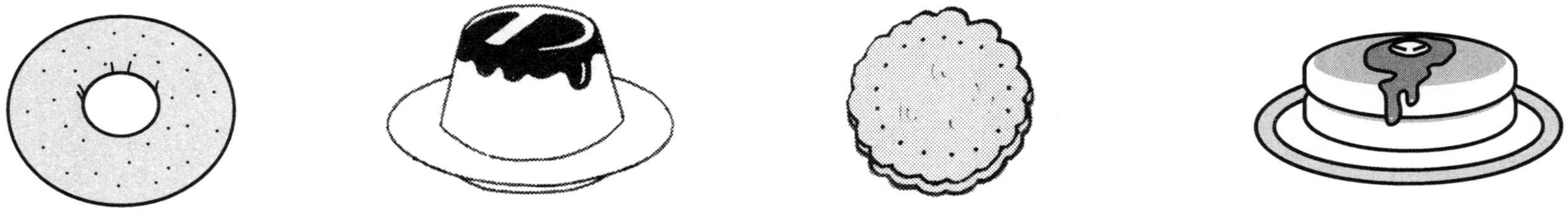

②

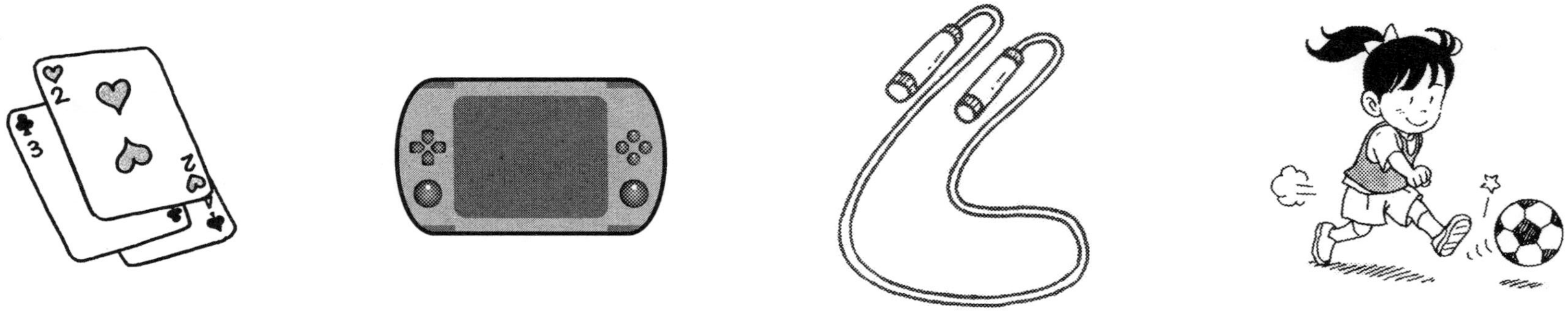

③

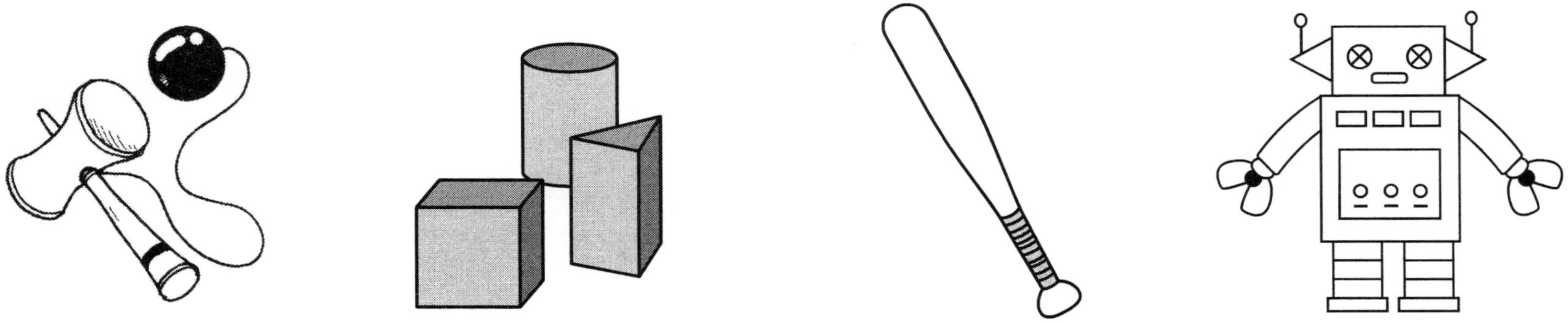

①

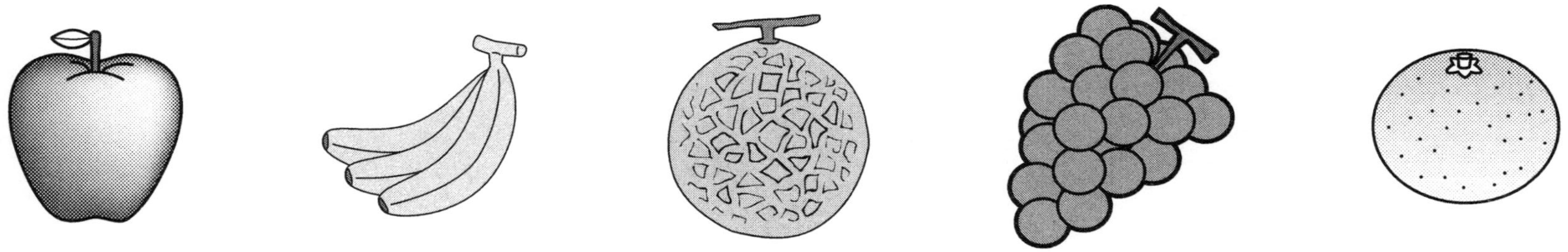

②
③

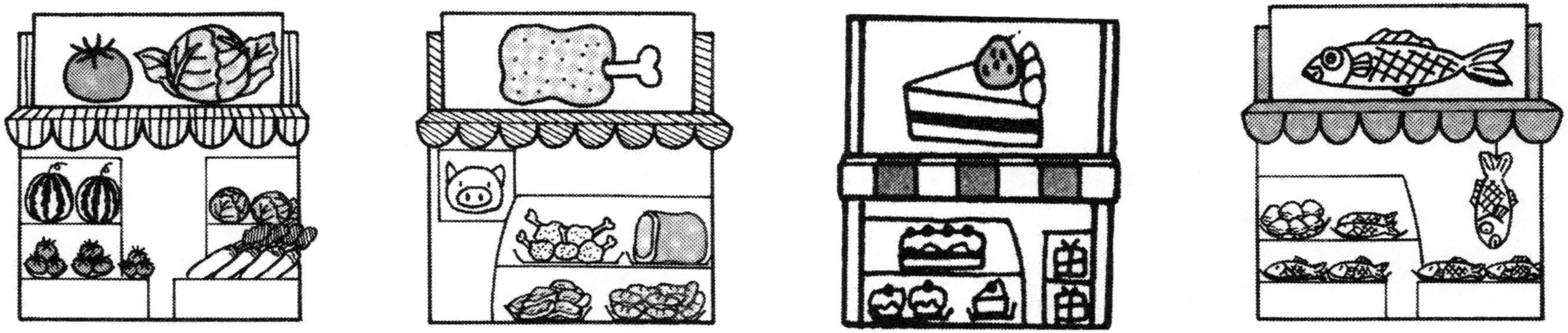

日本学習図書株式会社

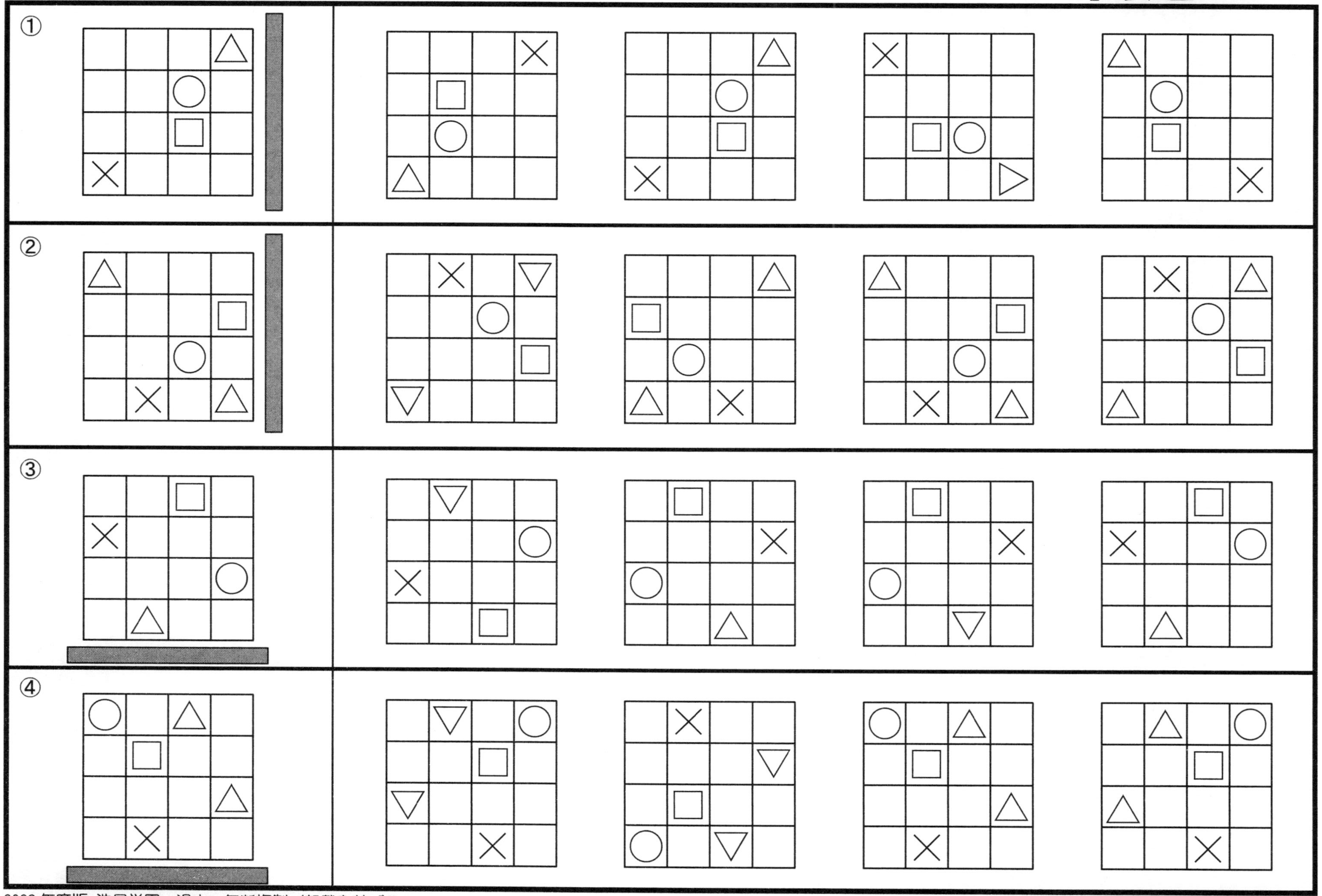

問題 3 1

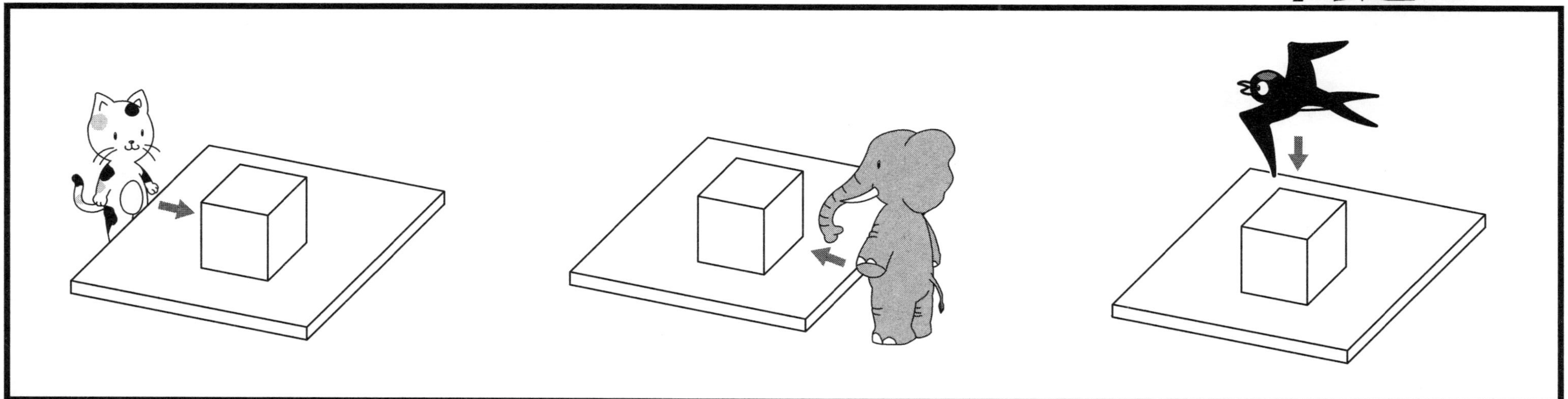

①②

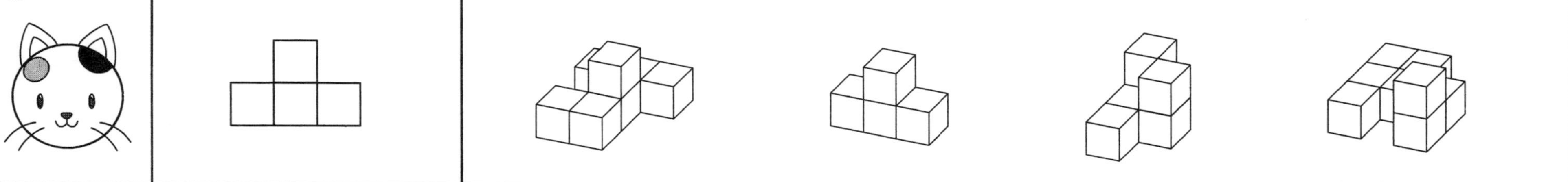

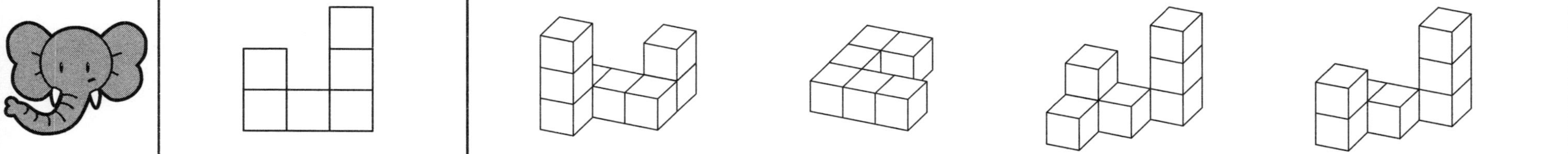

③

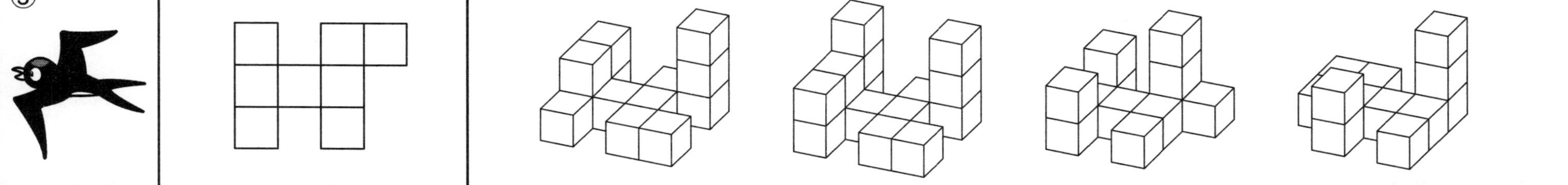

2022 年度版 洗足学園 過去 無断複製/転載を禁ずる 日本学習図書株式会社

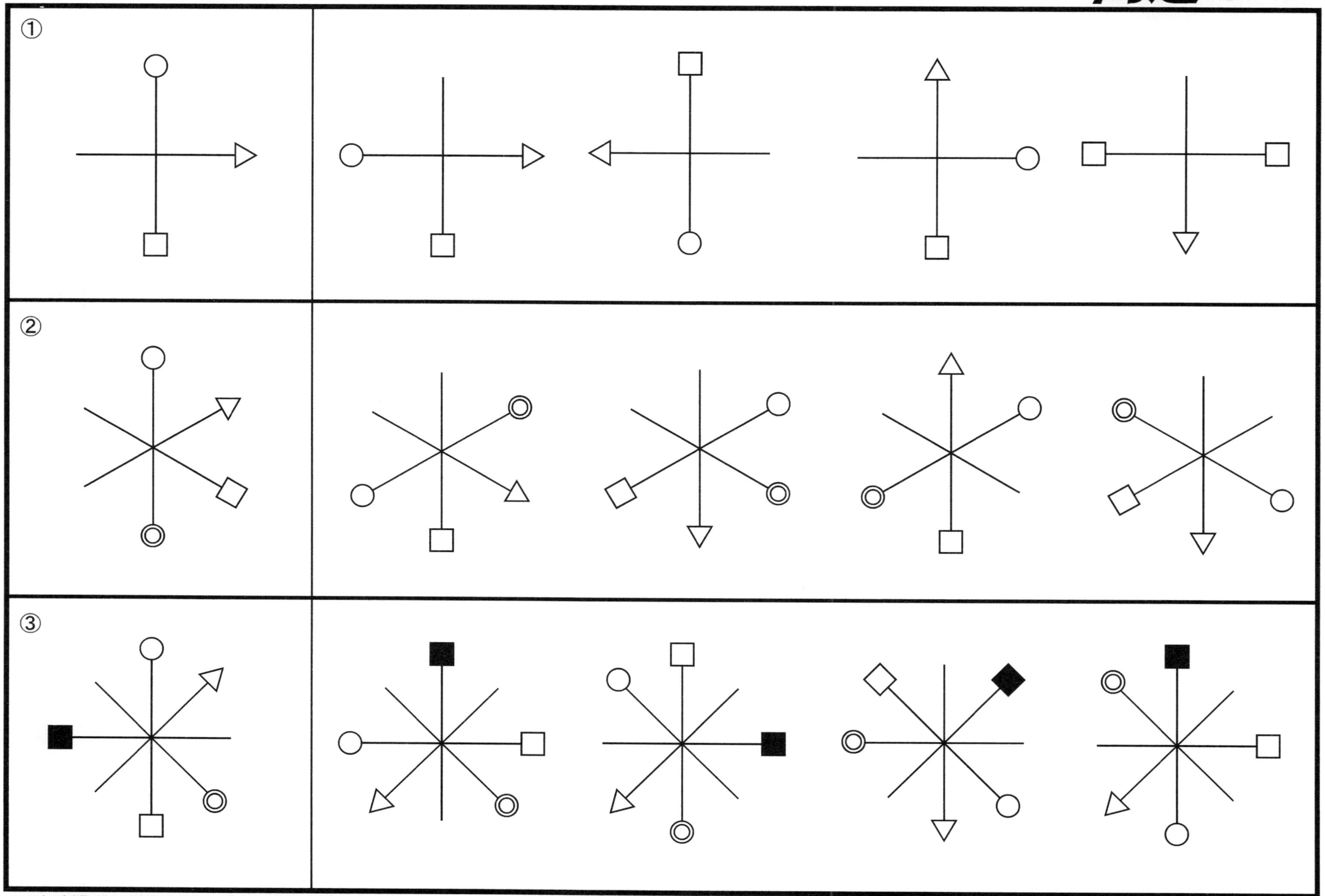

①

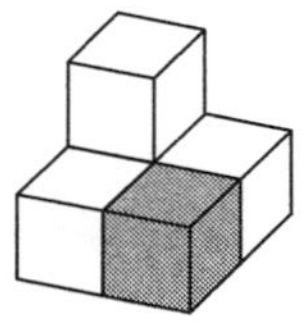

②

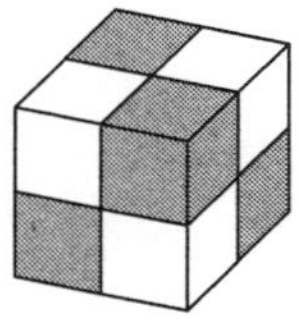

③

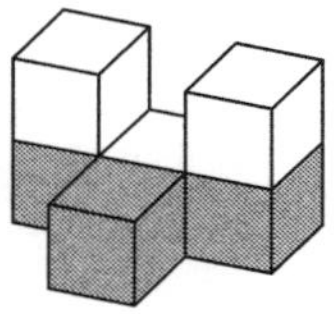

④

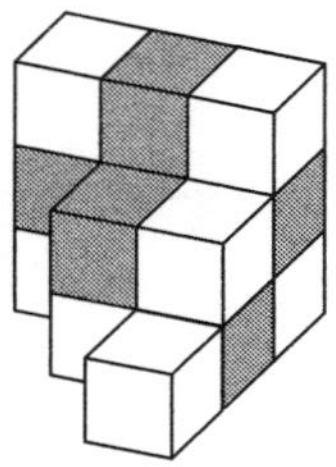

2022 年度版 洗足学園 過去 無断複製／転載を禁ずる 日本学習図書株式会社

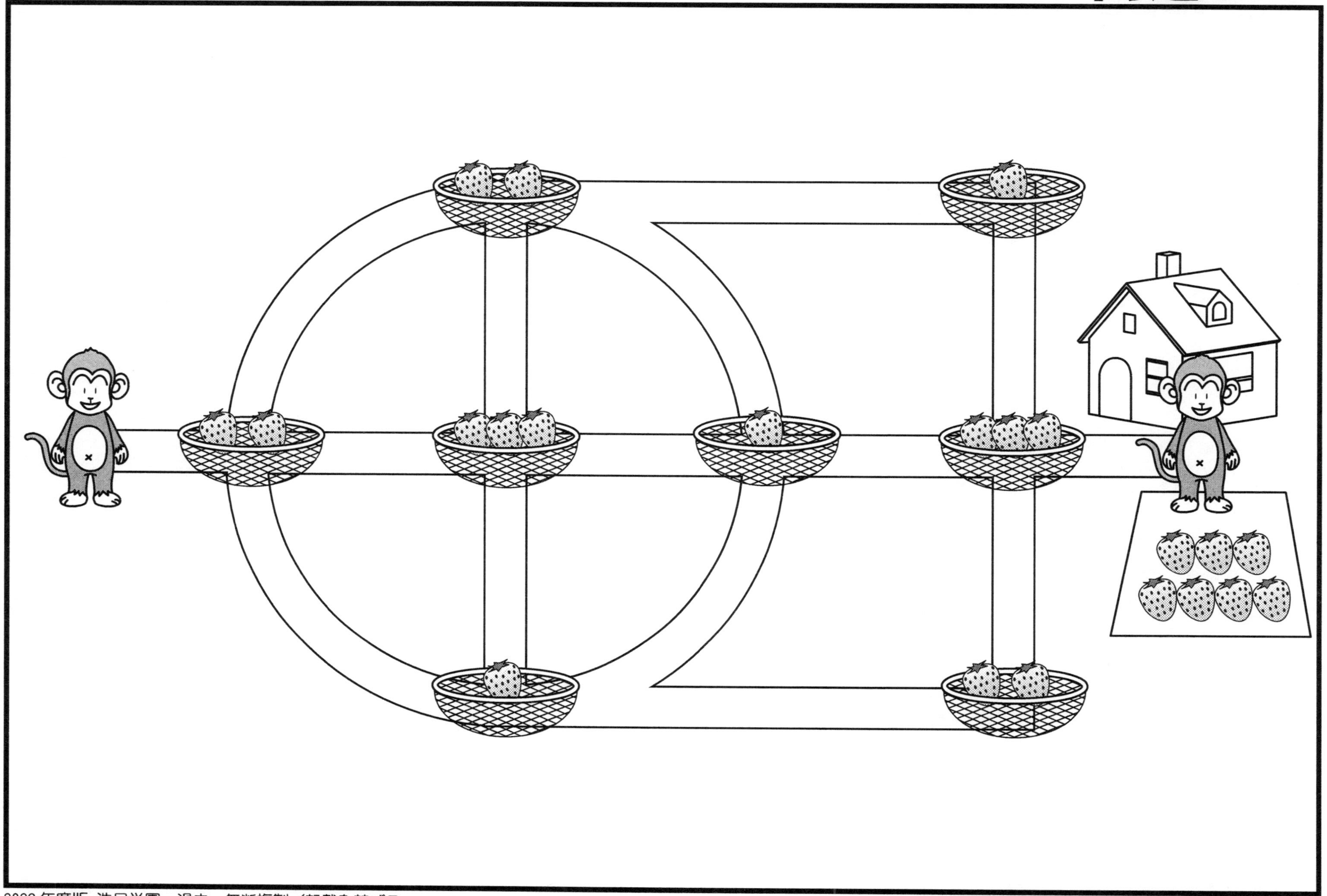

問題35

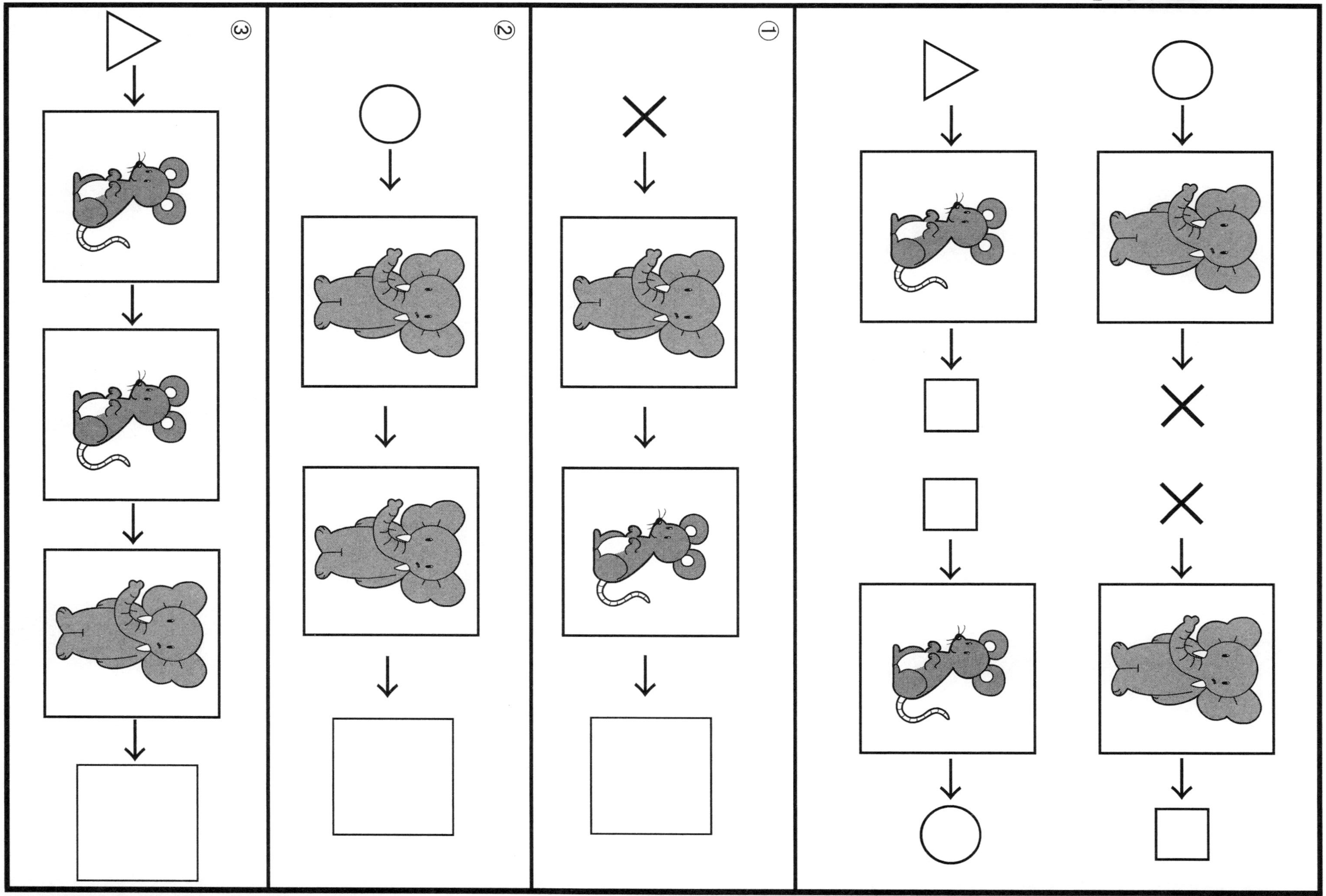

2022年度版 洗足学園 過去 無断複製／転載を禁ずる　　日本学習図書株式会社

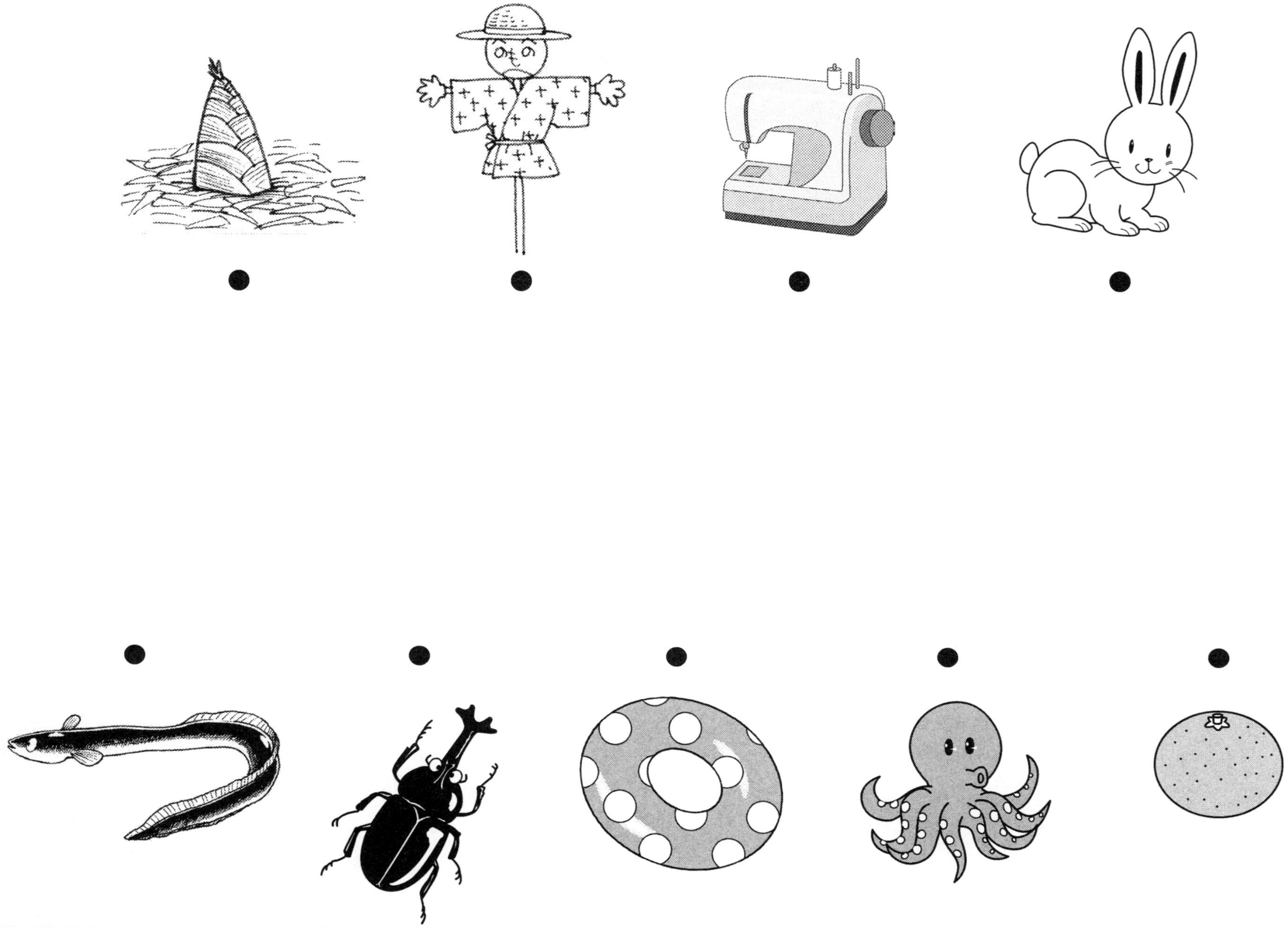

問題３７

問題３８

問題３９－１

問題３９－２

分野別 小学入試練習帳 ジュニアウォッチャー

1．点・線図形	小学校入試で出題頻度の高い『点・線図形』の模写を、難易度の低いものから段階別に幅広く練習することができるように構成。
2．座標	図形の位置模写という作業を、難易度の低いものから段階別に練習できるように構成。
3．パズル	様々なパズルの問題を難易度の低いものから段階別に練習できるように構成。
4．同図形探し	小学校入試で出題頻度の高い、同図形選びの問題を繰り返し練習できるように構成。
5．回転・展開	図形などを回転、または展開したとき、形がどのように変化するかを学習し、理解を深められるように構成。
6．系列	数、図形などの様々な系列問題を、難易度の低いものから段階別に練習できるように構成。
7．迷路	迷路の問題を繰り返し練習できるように構成。
8．対称	対称に関する問題を４つのテーマに分類し、各テーマごとに問題を段階別に練習できるように構成。
9．合成	図形の合成に関する問題を、難易度の低いものから段階別に練習できるように構成。
10．四方からの観察	もの（立体）を様々な角度から見て、どのように見えるかを推理する問題を段階別に整理し、１つの形式で複数の問題を練習できるように構成。
11．いろいろな仲間	ものや動物、植物の共通点を見つけ、分類していく問題を中心に構成。
12．日常生活	日常生活における様々な問題を６つのテーマに分類し、各テーマごとに一つの問題形式で複数の問題を練習できるように構成。
13．時間の流れ	『時間』に着目し、様々なものごとは、時間が経過するとどのように変化するのかということを学習し、理解できるように構成。
14．数える	様々なものを『数える』ことから、数の多少の判定やかけ算、わり算の基礎までを練習できるように構成。
15．比較	比較に関する問題を５つのテーマ（数、高さ、長さ、量、重さ）に分類し、各テーマごとに問題を段階別に練習できるように構成。
16．積み木	数える対象を積み木に限定した問題集。
17．言葉の音遊び	言葉の音に関する問題を５つのテーマに分類し、各テーマごとに問題を段階別に練習できるように構成。
18．いろいろな言葉	表現力をより豊かにするいろいろな言葉として、擬態語や擬声語、同音異義語、反意語、数詞を取り上げた問題集。
19．お話の記憶	お話を聴いてその内容を記憶、理解し、設問に答える形式の問題集。
20．見る記憶・聴く記憶	「見て憶える」「聴いて憶える」という『記憶』分野に特化した問題集。
21．お話作り	いくつかの絵を元にしてお話を作る練習をして、想像力を養うことができるように構成。
22．想像画	描かれてある形や景色に好きな絵を描くことにより、想像力を養うことができるように構成。
23．切る・貼る・塗る	小学校入試で出題頻度の高い、はさみやのりなどを用いた巧緻性の問題を繰り返し練習できるように構成。
24・絵画	小学校入試で出題頻度の高い、お絵かきやぬり絵などクレヨンやクーピーペンを用いた巧緻性の問題を繰り返し練習できるように構成。
25．生活巧緻性	小学校入試で出題頻度の高い日常生活の様々な場面における巧緻性の問題集。
26．文字・数字	ひらがなの清音、濁音、拗音、拗長音、促音と１～20までの数字に焦点を絞り、練習できるように構成。
27．理科	小学校入試で出題頻度が高くなりつつある理科の問題を集めた問題集。
28．運動	出題頻度の高い運動問題を種目別に分けて構成。
29．行動観察	項目ごとに問題提起をし、「このような時はどうか、あるいはどう対処するのか」の観点から問いかける形式の問題集。
30．生活習慣	学校から家庭に提起された問題と思って、一問一問絵を見ながら話し合い、考える形式の問題集。

31．推理思考	数、量、言語、常識（含理科、一般）など、諸々のジャンルから問題を構成し、近年の小学校入試問題傾向に沿って構成。
32．ブラックボックス	箱や筒の中を通ると、どのようなお約束でどのように変化するかを推理・思考する問題集。
33．シーソー	重さの違うものをシーソーに乗せた時どちらに傾くのか、またどうすればシーソーは釣り合うのかを思考する基礎的な問題集。
34．季節	様々な行事や植物などを季節別に分類できるように知識をつける問題集。
35．重ね図形	小学校入試で頻繁に出題されている「図形を重ね合わせてできる形」についての問題を集めました。
36．同数発見	様々な物を数え「同じ数」を発見し、数の多少の判断や数の認識の基礎を学べるように構成した問題集。
37．選んで数える	数の学習の基本となる、いろいろなものの数を正しく数える学習を行う問題集。
38．たし算・ひき算１	数字を使わず、たし算とひき算の基礎を身につけるための問題集。
39．たし算・ひき算２	数字を使わず、たし算とひき算の基礎を身につけるための問題集。
40．数を分ける	数を等しく分ける問題です。等しく分けたときに余りが出るものもあります。
41．数の構成	ある数がどのような数で構成されているか学んでいきます。
42．一対多の対応	一対一の対応から、一対多の対応まで、かけ算の考え方の基礎学習を行います。
43．数のやりとり	あげたり、もらったり、数の変化をしっかりと学びます。
44．見えない数	指定された条件から数を導き出します。
45．図形分割	図形の分割に関する問題集。パズルや合成の分野にも通じる様々な問題を集めました。
46．回転図形	「回転図形」に関する問題集。やさしい問題から始め、いくつかの代表的なパターンから、段階を踏んで学習できるよう編集されています。
47．座標の移動	「マス目の指示通りに移動する問題」と「指示された数だけ移動する問題」を収録。
48．鏡図形	鏡で左右反転させた時の見え方を考えます。平面図形から立体図形、文字、絵まで。
49．しりとり	すべての学習の基礎となる「言葉」を学ぶこと、特に「語彙」を増やすことに重点をおき、さまざまなタイプの「しりとり」問題を集めました。
50．観覧車	観覧車やメリーゴーラウンドなどを舞台にした「回転系列」の問題集。「推理思考」分野の問題ですが、要素として「図形」や「数量」も含みます。
51．運筆①	鉛筆の持ち方を学び、点線なぞり、お手本を見ながらの模写で、線を引く練習をします。
52．運筆②	運筆①からさらに発展し、「欠所補完」や「迷路」などを楽しみながら、より複雑な鉛筆運びを習得することを目指します。
53．四方からの観察 積み木編	積み木を使用した「四方からの観察」に関する問題を練習できるように構成。
54．図形の構成	見本の図形がどのような部分によって形づくられているかを考えます。
55．理科②	理科的知識に関する問題を集中して練習する「常識」分野の問題集。
56．マナーとルール	道路や駅、公共の場でのマナー、安全や衛生に関する常識を学べるように構成。
57．置き換え	さまざまな具体的・抽象的事象を記号で表す「置き換え」の問題を扱います。
58．比較②	長さ・高さ・体積・数などを数学的な知識を使わず、論理的に推測する「比較」の問題を練習できるように構成。
59．欠所補完	線と線のつながり、欠けた絵に当てはまるものなどを求める「欠所補完」に取り組める問題集です。
60．言葉の音（おん）	しりとり、決まった順番の音をつなげるなど、「言葉の音」に関する問題に取り組める練習問題集です。

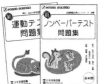

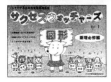

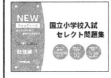

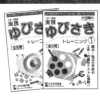

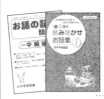

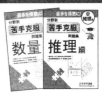

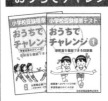

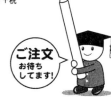

『読み聞かせ』×『質問』＝『聞く力』

お話の記憶の練習に最適

1話5分の読み聞かせお話集①②

「アラビアン・ナイト」「アンデルセン童話」「イソップ寓話」「グリム童話」、日本や各国の民話、昔話、偉人伝の中から、教育的な物語や、過去に小学校入試でも出題された有名なお話を中心に掲載。お話ごとに、内容に関連したお子さまへの質問も掲載しています。「読み聞かせ」を通して、お子さまの『聞く力』を伸ばすことを目指します。

①巻・②巻　各48話

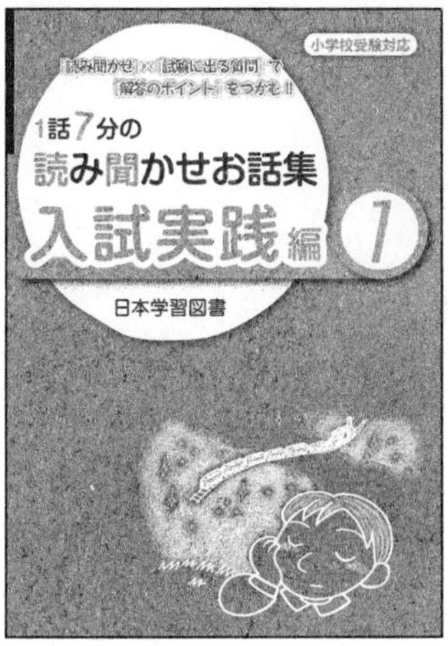

1話7分の読み聞かせお話集 入試実践編①

国立·私立小学校受験対応

最長1,700文字の長文のお話を掲載。有名でない＝「聞いたことのない」お話を聞くことで、『集中力』のアップを目指します。設問も、実際の試験を意識した設問としています。ペーパーテスト実施校の多くが「お話の記憶」の問題を出題します。毎日の「読み聞かせ」と「試験に出る質問」で、「解答のポイント」をつかんで臨みましょう！

50話収録

ニチガクの　この５冊で受験準備も万全！

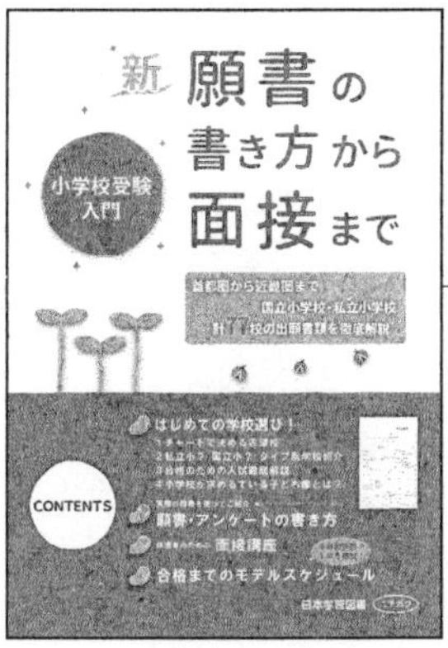

小学校受験入門 願書の書き方から面接まで　リニューアル版

主要私立・国立小学校の願書・面接内容を中心に、学校選びや入試の分野傾向、服装コーディネート、持ち物リストなども網羅し、受験準備全体をサポートします。

小学校受験で 知っておくべき 125のこと

小学校受験の基本から怪しい「ウワサ」まで、保護者の方々からの125の質問にていねいに解答。目からウロコのお受験本。

新　小学校受験の 入試面接Q＆A　リニューアル版

過去十数年に遡り、面接での質問内容を網羅。小学校別、父親・母親・志願者別、さらに学校のこと・志望動機・お子さまについてなど分野ごとに模範解答例やアドバイスを掲載。

新　願書・アンケート 文例集500　リニューアル版

有名私立小、難関国立小の願書やアンケートに記入するための適切な文例を、質問の項目別に収録。合格を掴むためのヒントが満載！願書を書く前に、ぜひ一度お読みください。

小学校受験に関する 保護者の悩みQ＆A

保護者の方約1,000人に、学習・生活・躾に関する悩みや問題を取材。その中から厳選した200例以上の悩みに、「ふだんの生活」と「入試直前」のアドバイス２本立てで悩みを解決。

日本学習図書株式会社

家庭学習をトータルサポート！ ニチガクのオリジナル 効果的 学習法

1 まずは アドバイスページを読む！

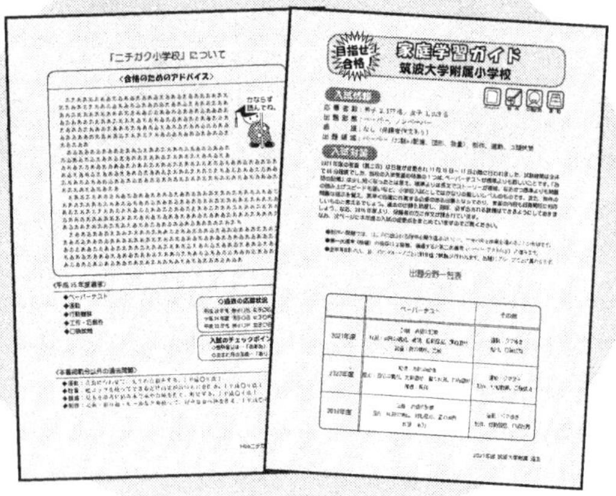

ピンク色です

対策や試験ポイントがぎっしりつまった「家庭学習ガイド」。分野アイコンで、試験の傾向をおさえよう！

2 問題をすべて読み、出題傾向を把握する

3 「学習のポイント」で学校側の観点や問題の解説を熟読

4 はじめて過去問題にチャレンジ！

5 プラスα 対策問題集や類題で力を付ける

過去問のこだわり

最新問題は問題ページ、イラストページ、解答・解説ページが独立しており、お子さまにすぐに取り掛かっていただける作りになっています。
ニチガクの学校別問題集ならではの、学習法を含めたアドバイスを利用して効率のよい家庭学習を進めてください。

各問題のジャンル

問題7 分野：図形（図形の構成） Aグループ男子

〈解 答〉 下図参照

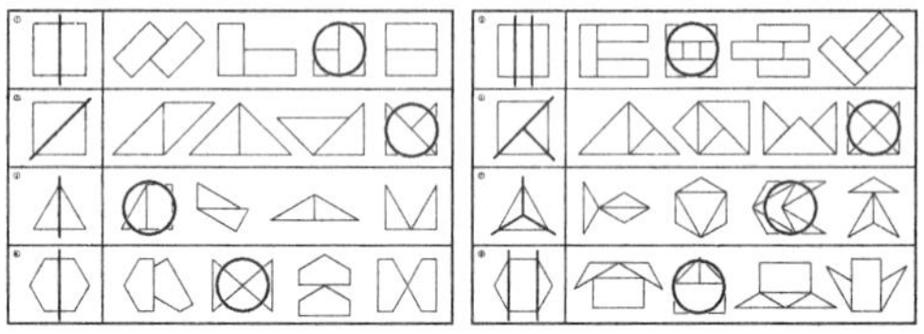

図形の構成の問題です。解答時間が圧倒的に短いので、直感的に答えないと全問答えることはできないでしょう。例年ほど難しい問題ではないので、ある程度準備をしたお子さまなら可能のはずです。注意すべきなのはケアレスミスで、「できないものはどれですか」と聞かれているのに、できるものに○をしたりしてはおしまいです。こういった問題では基礎とも言える問題なので、もしわからなかった場合は基礎問題を分野別の問題集などでおさらいしておきましょう。

【おすすめ問題集】
★筑波大附属小学校図形攻略問題集①②★（書店では販売しておりません）
Jr・ウォッチャー9「合成」、54「図形の構成」

学習のポイント

各問題の解説や学校の観点、指導のポイントなどを教えます。
今日から保護者の方が家庭学習の先生に！

おすすめ対策問題集

分野ごとに対策問題集をご紹介。苦手分野の克服に最適です！
＊専用注文書付き。

2021年度版　洗足学園小学校　過去問題集

発行日　2021年7月30日
発行所　〒162-0821　東京都新宿区津久戸町 3-11-9F
日本学習図書株式会社
電　話　03-5261-8951 ㈹

ISBN978-4-7761-5359-7
C6037 ¥2000E

9784776153597

定価 2,200円
(本体 2,000円＋税 10%)

1926037020004

詳細は http://www.nichigaku.jp　日本学習図書　検 索